I0802018

Saliendo de la oscuridad:
Cómo vivir el duelo después de una pérdida

CLARISSA MOLL

SALIENDO DE LA OSCURIDAD

Cómo vivir el duelo después de una pérdida

Tyndale House Publishers
Carol Stream, Illinois, EE. UU.

Visita Tyndale en Internet: TyndaleEspañol.com y BibliaNTV.com.

Tyndale y el logotipo de la pluma son marcas registradas de Tyndale House Ministries.

Saliendo de la oscuridad: Cómo vivir el duelo después de una pérdida

Originalmente publicado en inglés en el 2022 como *Beyond the Darkness* por Tyndale House Publishers con ISBN 978-1-4964-5893-3.

Ilustración de los lirios de trucha en la portada y en el interior por Pierre Joseph Redouté (1759–1840), dominio público.

Diseño: Dean H. Renninger

Edición en inglés: Jonathan Schindler

Traducción al español: Mayra Urízar de Ramírez

Edición en español: José Ismael Ramírez Pérez

Publicado en asociación con la agencia literaria de Wolgemuth & Associates.

Para información acerca de descuentos especiales para compras al por mayor, por favor contacte a Tyndale House Publishers a través de espanol@tyndale.com.

ISBN 979-8-4005-0827-1

Impreso en Estados Unidos de América
Printed in the United States of America

32 31 30 29 28 27 26
7 6 5 4 3 2 1

A K. N. J., quien sostuvo mis manos

«¡Vamos, Señor Frodo!», gritó.

«No puedo cargarlo por usted, pero puedo cargarlo a usted».

J. R. R. TOLKIEN, *THE RETURN OF THE KING* (EL RETORNO DEL REY)

A mis hijos amados

Para que lo conozcan a él y el poder de su resurrección,

al haber estado familiarizados con sus sufrimientos.

CONTENIDO

Introducción *ix*

CAPÍTULO 1 En el camino con dolor y sufrimiento: El viaje que nadie quiere hacer *1*

PRIMERA PARTE: **PREPARACIÓN PARA EL VIAJE**

CAPÍTULO 2 Obstáculos en el camino: Cuatro mitos que creemos en cuanto al duelo y la pérdida *19*

CAPÍTULO 3 Enfrentando el duelo: Cómo conocer a tu nuevo compañero *37*

SEGUNDA PARTE: **HERRAMIENTAS PARA LA SUPERVIVENCIA**

CAPÍTULO 4 Huesos adoloridos y noches de insomnio: Las dimensiones físicas de la pérdida *57*

CAPÍTULO 5 Abriéndonos camino por el bosque: Cómo gestionar las dimensiones prácticas de la pérdida *81*

CAPÍTULO 6 A orillas de la soledad: Cómo vadear las emociones de la pérdida *105*

CAPÍTULO 7 Noches oscuras bajo las estrellas: En busca de respuestas espirituales a la pérdida *127*

CAPÍTULO 8 Y un niño pequeño los guiará: La crianza de hijos a través de la pérdida *147*

TERCERA PARTE: EL CAMINO CONTINÚA

CAPÍTULO 9 El trayecto por recorrer: Cuando el duelo ya no es nuevo 171

CAPÍTULO 10 Dejar que el duelo entre a la iglesia: Cómo desarrollar una cultura de muerte y resurrección 191

CAPÍTULO 11 El fin del viaje: Levantamos los ojos y añoramos el hogar 211

Reconocimientos 229

Notas 231

Acerca de la autora 239

INTRODUCCIÓN

Es reconfortante pensar que nuestras lágrimas se guardan en una botella y la persona que nos conduce por caminos de dolor no olvida ni una sola de ellas.

HANNAH HURNARD, *HINDS' FEET ON HIGH PLACES*
(*PIES DE CIERVAS EN LOS LUGARES ALTOS*)

Querido lector, este es un libro que nunca quise escribir, acerca de una vida que nunca deseé vivir. Cuando Rob, mi esposo, murió hace tres años, a la edad de cuarenta y un años, en un trágico accidente de senderismo, me encontré atrapada en un nuevo y misterioso entorno sin un mapa. Me hallaba desconcertada y asustada, como una joven viuda con cuatro hijos. No podía ver ninguna ruta que se extendiera ante mí, que me señalara el camino. Me sentía perdida en el duelo por completo.

Sospecho que, si tienes este libro en las manos, compartes una historia similar. Este es un libro que nunca deseaste leer, para una vida que nunca deseaste vivir. Has perdido a un ser amado. Ya sea que la muerte te haya sorprendido o la hayas previsto, el duelo te ha puesto de rodillas y amenaza con destrozarte. Luchas por mantener la cabeza a flote mientras que ola tras ola de tristeza rompe sobre ti. Te sientes perdido, solo, aislado, ignorado, abandonado en un bosque oscuro de sufrimiento. Quiero que sepas que te entiendo. Los detalles de tu tristeza están bajo tu entera custodia. Ahora bien, ¿y qué del terreno del duelo? Lo conozco de cerca.

Quizás, por el contrario, camines junto a alguien querido mientras descubre la extraña topografía de la muerte y el duelo. Te has comprometido a mantener el espacio, a permanecer frente a un monstruo que hace huir a otros. Esta tarea tuya es una tarea valiente. En esta temporada, tu sabiduría, constancia, paciencia y bondad serán requeridas de maneras que nunca hubieras imaginado. Serás un regalo viviente ante la muerte.

Tal vez el duelo se sienta dolorosamente familiar. Has vivido con ello durante mucho tiempo. Años después de la muerte de tu ser querido, cargas con un dolor profundo que parece haber cambiado poco desde esos primeros días de conmoción o tristeza. Después de tanto tiempo, te preguntas: *¿Cómo es posible que todavía duela tanto?*

De una u otra forma, la muerte se ha acercado a ti. Su cercanía ha hecho que estés dispuesto a mirar algo que solemos evitar a toda costa. Para muchos de nosotros, el no estar dispuestos a sentarnos con la muerte ha hecho que, tristemente, no estemos preparados para enfrentarla. Sea cual sea tu preparación para el momento, ahora estás allí. La vida te llama a caminar con el duelo. No hay necesidad de arrepentirse, de desear haber prestado atención antes. Este es el momento del amor y de la gracia, de encontrar un camino que te lleve hacia adelante en medio del sufrimiento. ¿Quieres caminar conmigo? Emprendamos juntos este difícil viaje.

No se me olvida que este libro existe precisamente porque mi esposo murió. A pesar de toda mi satisfacción al completar un proyecto como este, renunciaría a todo en un momento con tal de tener a Rob de vuelta conmigo. Su muerte ha dejado profundas cicatrices en el panorama de mi vida, y lo extraño todos los días. En este camino del duelo, sin embargo, también he descubierto la gracia. He aprendido asuntos fundamentales en cuanto a quién soy, en cuanto a quién es Dios, en cuanto a lo que Jesús me ofrece. Aunque tengo mucho miedo, he aprendido que nunca estoy sola. Mi Buen Pastor camina a mi lado. Esos también son regalos a los que nunca desearía renunciar. Creo que también están disponibles para ti.

A quienes están en duelo se les recuerda, a menudo, que «el Señor está cerca de los que tienen quebrantado el corazón»[1]. ¿Qué significa eso cuando estamos perdidos en la oscuridad de la tristeza agonizante? ¿Cómo entrenamos a nuestros oídos para escuchar el suave goteo de ese eterno manantial en una tierra seca y cansada? ¿Cómo podemos hallar gracia en el duelo que nos ha sobrevenido? Cuando no podemos rastrear la mano de Dios, ¿cómo podemos encontrar un camino que nos lleve hacia adelante?

Para el cristiano, la presencia de Jesús en nuestro duelo lo cambia todo. No puedo prometerte que su presencia hará que el dolor disminuya o que la sanidad llegue más pronto. Tampoco puedo prometerte que, de este lado de la gloria, entenderás por qué ese dolor ha ensombrecido tu camino. Lo que sí puedo asegurarte es que la compañía del Salvador que lleva cicatrices es lo que las personas afligidas necesitamos más que cualquier otra cosa. En Jesús encontramos al Amigo que comprende.

Querido lector, sé que quieres saber cuándo terminará este dolor. Cuándo el dolor abrasador de la pérdida se aliviará.

Cuándo te encontrarás a ti mismo de nuevo. Yo también quisiera encontrar respuestas fáciles. En mis días de pérdida, yo misma las he buscado con desesperación. Siempre he terminado con las manos vacías. Lo que he encontrado al final de todas mis búsquedas son dos verdades que siempre aparecen claramente en mi camino: el duelo caminará con nosotros todos nuestros días terrenales. Nuestro Salvador también lo hará.

Este libro se trata, en esencia, de esas dos verdades. El duelo, ese compañero no deseado, te acompañará en el viaje de tu vida. Ha llenado tu bolso de lágrimas, y tú te alimentas de ellas día y noche, y caminarás a su lado. Viajará contigo a través del valle de la sombra de la muerte. Se unirá a ti en las cimas de las montañas de la alegría. Su presencia siempre te recordará todo lo que permanece quebrantado y triste en este mundo caído. Ya que vas a caminar con él, creo que te conviene conocerlo bien.

Pero no te preocupes. El camino es lo suficientemente ancho para otro compañero: el Buen Pastor de tu alma. El Compasivo, cuyas manos tiernas tienen las cicatrices de la muerte. El hermoso Resucitado, quien ha estado allí y ha vuelto. En tus horas más oscuras por ese camino de dolor, Jesús estará presente. Cuando el panorama se torne estéril por el duelo y se llene solo de un silencio doloroso, el Espíritu intercederá por ti con palabras que no se pueden expresar. Cuando el camino de la tristeza se vuelva traicionero, el Padre todopoderoso te cargará con fuerza y ternura. En su bondad misericordiosa, te enseñará a cantar: «No temo el mal si tú conmigo vas».

En las páginas siguientes, encontrarás formas prácticas de interactuar con el duelo, de conocerlo, tal vez incluso de hacerte amigo de este compañero no deseado. Descubrirás las mentiras que el mundo te ha dicho acerca del duelo, y lo conocerás cara a cara, como es en realidad. Con honestidad y compasión, aprenderás a *enfrentarte* al duelo en lugar de alejarlo. Aprenderás a gestionar tu vida nueva con el duelo como tu compañero, y lo llevarás a lugares que nunca creíste posibles.

Al llevar tú a cabo ese trabajo difícil pero necesario, espero que descubras a Jesús en tu camino de sufrimiento. Es mi oración que la luz de su presencia dirija tus pies mientras das esos próximos pasos en el duelo. Que tu cuerpo afligido encuentre restauración en el suave abrazo de Jesús. Que su Espíritu vivificador fortalezca tu espíritu herido. Que tu alma encuentre el refrigerio del agua viva de Jesús en los lugares áridos de tu vida.

CAPÍTULO 1

En el camino con dolor y sufrimiento: El viaje que nadie quiere hacer

«Ellas son buenas maestras; de hecho, tengo pocas mejores. [...] Esta, —dijo [el Pastor], al señalar a la primera de las figuras silenciosas—, es Dolores. Y la otra es su hermana gemela, Sufrimientos».

HANNAH HURNARD, *PIES DE CIERVAS EN LOS LUGARES ALTOS*

Cuando los capellanes de la policía llegaron al lugar donde acampábamos, les dije que necesitaba que esperaran hasta que tuviera a alguien que me tomara de la mano. Les advertí que no podría escuchar sus palabras hasta que no estuviera sola. Les expliqué que tendrían que decir lo que tenían que expresarme en una sola frase. Una frase que, de alguna manera, lo contara todo. Sus minutos asignados. Su límite de caracteres. Sabía que la noticia era mala. Sabía lo poco que podía soportar en ese momento.

«Su esposo tuvo un accidente de senderismo hoy y falleció al caer».

¿Mencionó el capellán el nombre de Rob? ¿Fue una frase o

dos? ¿Cómo podría una sola frase ser todo? Todavía analizo el momento en mi mente, en busca de un lenguaje para expresar la oscuridad que se apoderó de mi vida mientras él hablaba. Ahora tengo más palabras para explicar los detalles del accidente de mi esposo. Esa noche sigue siendo tan vívida como la noche en la que Rob y yo nos conocimos. Incluso tres años después, sin embargo, me cuesta describir el peso de la ausencia de Rob, mi vida sin él aquí. La idea de perderlo todavía me deja sin aliento. El duelo sigue siendo tan profundo.

Antes de que los capellanes se fueran esa noche, después de haberles repetido su frase a mis cuatro hijos pequeños, nos quedamos afuera juntos en la noche de verano. «Necesito decir las palabras», les dije. Por lo que repetí esa única frase y la hice realidad al pronunciarla en voz alta. Al igual que Dios el Padre en los albores de la creación, pronuncié la muerte de Rob para que cobrara vida para mí, no como el murmullo poco claro de la mente confundida por los sueños cuando duerme, sino clara, simple, temblorosa, temerosa, real. Me puse de pie en el crepúsculo en mi campamento, a cinco mil kilómetros de casa, y escuché cómo mi propia voz expresaba la verdad con la que mi corazón siempre luchará. Mi amado esposo había muerto.

DE PIE EN EL PUNTO DE PARTIDA

Una madrugada, durante nuestras vacaciones familiares, Rob, mi esposo, salió de nuestro campamento hacia una larga caminata en la montaña del Parque Nacional Mount Rainier. Rob y su compañero de senderismo partieron por el sendero ese día, emocionados y llenos de energía para el camino que tenían por delante. A ambos les encantaba el senderismo y sabían hacerlo bien. Estar en la naturaleza era la forma favorita de Rob de recrearse y de conectarse con Dios. Pero su cuerpo regresó al punto de partida del sendero ya avanzada aquella tarde, transportado, frío y sin vida, en helicóptero desde el monte. Ese día, el cual está marcado en el calendario como un punto culminante de nuestro viaje familiar, se convirtió en el más triste de nuestra vida.

En un instante, mi mundo cambió para siempre. Todavía estoy estupefacta ante la rapidez de la obra destructora de la muerte. La muerte de Rob me llevó a un duro y solitario territorio de pérdida. Su repentino y trágico fallecimiento borró mis planes para el futuro y puso mis pies en el punto de partida de un camino nuevo y no deseado. Por el resto de mis días, caminaría con el duelo. Viajaría por un camino que nadie quiere tomar.

Nunca antes había conocido el duelo profundo hasta que perdí a Rob. Había sufrido otras pérdidas, pero ninguna me había quebrantado de una manera tan profunda, y ninguna había reorganizado todo el curso de mi vida. Debo admitir, desde el principio, que he sido una viajera reacia en este camino nuevo del dolor. Tras quedar con cuatro hijos que debo criar sola, no hay un momento en el que no añore la vida que viví antes. Rob y yo disfrutamos de diecisiete años de matrimonio imperfectamente maravillosos. Nuestra vida juntos fue profundamente satisfactoria. Compartíamos las mismas pasiones y sueños. Él me amaba con todo su corazón, y yo lo adoraba a él.

A medida que Dolores y Sufrimientos me han hecho señas para que avance en este viaje de duelo, al igual que a Miedosa en el clásico de Hannah Hurnard, *Hinds' Feet on High Places* (*Pies de ciervas en los lugares altos*), he clamado a Jesús: «No puedo irme con ellas [...] ¡No puedo! ¡No puedo! Oh, mi Señor Pastor, ¿por qué me haces esto? ¿Cómo puedo viajar con su compañía? Es más de lo que puedo soportar»[1].

Con todo, aquí estoy. He sobrevivido el momento que pensé sería también mi muerte. Camino por un sendero de tristeza que nunca imaginé que podría recorrer. He llegado a aceptar el duelo como mi compañero, aunque todos los días anhelo que se vaya. Vivo en el valle de la sombra de la muerte de Rob y, sin embargo, también elijo levantar mis ojos más allá de esa oscuridad diaria hacia horizontes que prometen florecer. Me he prometido a mí misma: «No moriré, sino que viviré para contar lo que hizo el Señor»[2]. Creo que tú puedes hacer lo mismo.

LO QUE ÉL DEJÓ

La lista se hace larga cuando considero todo lo que Rob dejó cuando murió. Rob dejó a amigos, a colegas y un trabajo en el que había encontrado un propósito. Dejó a padres, a hermanos y a una familia extendida que lo quería mucho. Nos dejó a nuestros hijos y a mí, ahora solos para forjarnos un camino sin él.

La trágica muerte de Rob puso fin a su vida en su mejor momento y trajo la muerte a nuestra familia en los años de su florecimiento. Nunca más disfrutarían nuestros hijos de papá como entrenador de las Pequeñas Ligas. Nunca más se elevaría su voz en una calurosa ovación por encima de la multitud en una competencia juvenil 4-H o en un recital de baile. Nuestros sueños de jubilación y de un nido vacío nunca se harían realidad.

Cuando regresé a casa de sus servicios fúnebres ese verano, de nuestro viaje por carretera que había terminado en duelo, descubrí un pequeño trozo de jabón Irish Spring en la repisa de mi ducha. Lo habíamos dejado cuando hicimos las maletas para el camino. Era demasiado pequeño para que valiera la pena llevarlo con nosotros. Rob nunca volvió a usarlo. Incluso había dejado su jabón.

Esas pérdidas no cuentan la historia completa, ya que Rob también dejó un legado de palabras. Rob era periodista y escritor, y forjó su carrera como escritor. Escribió acerca de los negocios y la fe, la ayuda humanitaria y las finanzas. Además, en lo que se ha convertido en un regalo inesperado y exquisito para ti y para mí, escribió acerca de la muerte.

Al principio de nuestro matrimonio, Rob escribió un libro llamado *The Art of Dying* (El arte de morir). Su curiosidad periodística y su profunda fe lo llevaron a trabajar en una funeraria. Se unió como voluntario a una organización que provee cuidados paliativos a personas con enfermedades terminales, y visitaba a pacientes con ese tipo de enfermedades los fines de semana.

Mientras escribía *The Art of Dying*, Rob descubrió que, durante los últimos doscientos años, la muerte había desaparecido de la vista pública. En los últimos años, la mayoría de las personas han muerto en hogares de ancianos u hospitales a puerta cerrada. Pocas familias, comunidades e iglesias han atendido bien a los moribundos. Pocas personas se han preparado para la muerte, la propia o la de sus seres queridos. Para la mayoría, hasta que experimentaron la muerte de un amigo cercano o familiar, las muertes ocurridas en la pantalla en películas y videojuegos, divididas en píxeles y distanciadas por la capacidad de presionar el botón de apagado, eran las únicas que conocían.

Cuando Rob hacía su turno de trabajo en la funeraria, observaba que quienes estaban de duelo tenían una preparación igual de pobre. Debido a que la muerte se ignoraba, el duelo también. Nadie sabía qué hacer, por lo que solo pocas personas hacían algo. Los empleadores les pedían a los trabajadores que habían sufrido una pérdida que no se demoraran en volver al trabajo. Las comunidades e iglesias continuaban con sus programas y servicios como de costumbre. Rob veía que, por lo general, las personas que sufrían recibían ánimo a sobreponerse y superarlo. Veía a personas moribundas y en duelo luchar en medio de una cultura que simplemente no entendía.

¿ES POSIBLE VIVIR EL DUELO BIEN?

Lo que Rob escribió sobre la muerte moldeó profundamente nuestro matrimonio desde un principio. Gracias a que yo edité *The Art of Dying*, Rob y yo, durante muchas noches a lo largo de los años, hablamos sobre la muerte. A pesar de que éramos jóvenes, discutimos nuestras opciones para el final de la vida. Delineamos nuestros deseos y sabíamos los deseos del otro. Recopilamos nuestros documentos para el final de la vida y compramos un seguro de vida. Nos comprometimos a ser una pareja instruida en cuanto a la muerte.

Al saber eso, muchas personas me han preguntado si estaba preparada para la muerte de Rob. Siempre les digo que sí y que no. A pesar de que su muerte fue una sorpresa, sabía lo que él quería. Cuando Rob murió, simplemente llevé a cabo nuestras conversaciones lo mejor que pude. Sí, estaba preparada.

Por otra parte, no hay nada que pueda prepararlo a uno para la agonizante pérdida de un ser querido. Puedes leer la biografía de Rajmáninov y escuchar horas de sus grabaciones sinfónicas. Puedes asistir a seminarios académicos y participar en discusiones acerca de sus obras. Quizás sepas todo lo que se necesita saber sobre su música. Con todo, cuando te sientas frente al piano, con los dedos ligeramente apoyados en las teclas, te das cuenta de que no logras tocar ni una sola nota de su *Concierto para piano n.º 2*, ni siquiera un compás. A pesar de todo tu conocimiento, tus dedos, tu cerebro y tu corazón no se saben la partitura. Para tocarla, tienes que aprender las notas. Y la única manera de aprender es con la práctica, en la vida real.

Así es como he descubierto que es mi viaje de duelo. Escarbar entre la maleza, recorrer el bosque, buscar señales de que me dirigía hacia la dirección correcta. Tratar de descubrir este nuevo terreno de dolor. El duelo ha sido una formación dolorosa; he tenido que aprender sobre la marcha, buscando a tientas y temblando en el camino. No escribo como asesora, sino como una compañera de peregrinación, y comparto lo que he aprendido en este camino de tristeza, y te ofrezco compañía.

Como creyentes, podemos enfrentar la muerte y el duelo con plena confianza. Nuestro Buen Pastor sostiene nuestra vida de manera fuerte y tierna. Puede que el duelo nos acompañe toda la vida, pero también lo hace nuestro Salvador.

Por lo que he presenciado en mi propia experiencia, creo que tú puedes adquirir las habilidades para vivir el duelo bien. En tanto que cada pérdida es única, no creo que debamos tropezar a ciegas por el camino del dolor. El duelo trae una profunda oscuridad, pero podemos aprender a gestionarlo de manera que nuestro dolor sea más soportable. Como creyentes, podemos enfrentar la muerte y el duelo con plena confianza. Nuestro Buen Pastor sostiene nuestra vida de manera fuerte y tierna. Puede que el duelo nos acompañe toda la vida, pero también lo hace nuestro Salvador. De hecho, mientras caminamos juntos por el valle de la sombra, él nos llama más allá de las tinieblas a la esperanza de la resurrección.

DECIR LA PALABRA CON «M» INICIAL

Todos los jueves, nuestro olor anunciaba nuestra llegada antes de tocar la entrada del salón de clases de inglés. Los muchachos adolescentes salían del vestuario, rociados con colonia para enmascarar el olor corporal de su clase de gimnasia. Las chicas caminábamos en grupos por el pasillo, rodeadas de una nube de fragancia de champú floral.

«Las mujeres no sudan; brillan», comentaba mi profesora de inglés de secundaria cuando pasábamos en fila por la puerta y nos dirigíamos a nuestros asientos. Una opinión aceptable, a no ser que una tuviera que usar desodorante medicado. Al menos para una chica que yo conocía, esas palabras le resultaban ridículas. La adolescencia la había golpeado como un camión Mack. Las mujeres no solo sudaban. Apestaban. Ningún eufemismo era adecuado cuando la comunidad médica tenía que ayudarla a una a controlar su olor.

La muerte es el hedor definitivo. Tenemos todo tipo de frases rebuscadas para tratar de enmascarar su horrible olor. Nuestras mascotas *cruzan el puente arco iris*. Nuestros seres queridos *pasan a mejor vida* o *se van a un lugar mejor*. Si eres cristiano, las frases se multiplican por cien. *Se fue para estar con el Señor. Cruzó el río Jordán. Entró en el descanso eterno. En paz con Dios. En los brazos de Jesús. Fue llamado a casa.* Todas las frases que nos ayudan a evitar decir la palabra que en realidad queremos decir: *murió*.

En el duelo, me he aferrado a Jesús y a las promesas que encuentro en la Palabra de Dios. Estar ausente del cuerpo es estar presente con el Señor. Quienes han muerto en Cristo ahora disfrutan de su vida eterna prometida. Jesús ha preparado un hogar para quienes lo aman. Esas promesas son la base de mi esperanza.

En una sociedad que ya no sabe cómo hablar de la muerte, sin embargo, resulta muy fácil que esas promesas se conviertan solo en eufemismos: intentos de desodorizar la muerte, de mitigar su horrible olor. Incluso pueden distraernos de vivir el duelo bien. Es por eso que me comprometo a usar palabras reales acerca de la muerte y el duelo. Este es un primer paso para vivir el duelo bien. Tú también puedes darlo.

Tú te has sentado al lado de la cama de un ser querido. Has recibido la temida llamada en la noche. El capellán de la policía te ha visitado como me visitó a mí. Te has encontrado con la Muerte. Tú sabes que es inútil disfrazar esa palabra. *Morir. Murió. Muerte. Muerto.* No pronunciamos esas palabras para escandalizar a los demás. Usamos la palabra con «m» inicial porque la muerte es real y nuestro dolor por su causa es digno de reconocimiento. Hacemos eso porque, antes de que Jesús resucitara a Lázaro de entre los muertos, se paró junto a su tumba y lloró. Ningún eufemismo puede suavizar el golpe. La muerte duele. Punto.

UN COMPAÑERO EN EL DOLOR

¿Has descubierto la dolorosa verdad de que pocas personas que son parte de tu vida pueden entender tu pérdida? ¿Te encuentras solo en el punto de partida de tu viaje en el duelo? ¿Te has dado cuenta de que no puedes depender de tu comunidad o iglesia para que te apoyen en el lento trabajo de reconstruir tu vida? Si es así, estás menos solo de lo que crees. Yo estoy aquí contigo.

El propósito de este libro es llenar ese vacío. Es ofrecerte un compañero en tu camino con el duelo. Existe una afinidad especial entre quienes lloran, y espero que la encuentres en estas páginas. Nadie puede entender tu pérdida única, pero quienes están en duelo reconocen la gama de emociones, las dolorosas primeras veces, el vacío que la pérdida ha dejado en tu corazón y en tu vida. Esas cosas son universales en el duelo y, por lo tanto, son lazos que pueden unir nuestros corazones afligidos.

En estas páginas, me ofrezco como tu compañera en el dolor. No solo espero que te sientas menos solo al leer este libro, sino que espero que encuentres ayuda práctica y apoyo de una compañera de viaje en ese camino. El duelo puede llevarnos a sentir que el mundo ya no nos entiende. Si somos sinceros, ya casi no nos entendemos a nosotros mismos. Las viejas amistades, e incluso las relaciones familiares, se debilitan, por lo que nos preguntamos si la muerte de nuestro ser querido también es nuestra muerte. Lo entiendo por completo. Pero ese camino es más transitado de lo que crees. Y aquí se puede encontrar compañerismo.

Este libro tiene un segundo propósito: reconocer la naturaleza duradera del duelo que lo invade todo. Es hora de un cambio de paradigma en la forma en que hablamos acerca del dolor por la pérdida de un ser querido. Debido a que nuestra cultura no quiere ver la muerte, esperamos que la gente «lo concluya pronto». Al contrario, el duelo dura toda la vida. Ya que este mundo es un lugar herido y quebrantado, el dolor existe incluso en medio de la esperanza de la resurrección. El duelo, al igual que el amor, perdura mucho después de la muerte. El duelo caminará con nosotros hasta que Jesús venga de nuevo. Es solo cuando reconocemos esa naturaleza duradera del duelo que podemos aprender a vivir con él como nuestro compañero y buscar una vida más allá de las sombras de nuestro dolor.

Podemos descubrir el florecimiento no en nuestra recuperación del duelo, sino en nuestro compañerismo con él. En nuestra debilidad, la fuerza de Dios nos transforma. Pequeñas resurrecciones nos son posibles todos los días mientras esperamos el gran cumplimiento de las promesas de Dios en Jesucristo.

El propósito final de este libro es florecer, así de simple. Desde que Rob murió, muchas veces he tenido que recordarme a mí misma que yo no morí también. Partes de mí, sin duda, se han ido para siempre. Aun así, la sangre sigue corriendo por mis venas. Mi corazón late a un ritmo constante. Sigo viva. Por lo que no quiero solo «aguantar» por el resto de mis días en la tierra. Quiero vivirlos plenamente, de la misma manera incondicional que lo hacía antes de que la muerte y el duelo ensombrecieran mi casa. Quiero que el dolor de la muerte de Rob me transforme, no que me paralice.

Florecer después de la muerte de un ser querido es una decisión que cada uno de nosotros debe tomar. Tenemos que decidir avanzar en esa dirección, perseguir un nuevo propósito y crecimiento. Como personas arraigadas en la esperanza de la resurrección, creemos que la vida nueva siempre se esfuerza por crecer fuera del terreno de la muerte. Como bulbos de flores de otoño en bolsas de papel que esperan el calor del sol, esperamos florecer fuera de la oscuridad del duelo.

Una vida nueva después de la pérdida no es una esperanza ficticia. Es el producto de nuestra disposición de sentarnos con nuestro duelo, de permitir que se instale como una espina en la carne que nos punzará persistentemente hasta que todas las cosas sean renovadas. Podemos descubrir el florecimiento no en nuestra recuperación del duelo, sino en nuestro compañerismo con él. En nuestra debilidad, la fuerza de Dios nos transforma. Pequeñas resurrecciones nos son posibles todos los días mientras esperamos el gran cumplimiento de las promesas de Dios en Jesucristo. Tú puedes vivir una vida plena y alegre frente a la muerte. Puedes sobrevivir y prosperar tomado de la mano tanto del duelo como de Dios.

CÓMO USAR ESTE LIBRO

Este libro está organizado en tres partes bien diferenciadas, aunque reconozco que el duelo se resiste a la categorización. Lo he estructurado así para que puedas iniciar el trayecto en cualquier lugar que necesites hacerlo.

Cualquier viaje largo requiere preparación, y el camino del dolor no es diferente. Antes de iniciar el trayecto, los senderistas experimentados pasan horas estudiando detenidamente los mapas, discerniendo la elevación y buscando posibles dificultades. Identifican lugares de descanso y fuentes de agua.

La primera parte te ofrece un tipo de orientación similar. Al comienzo de tu viaje en el duelo, te ayudaré a identificar obstáculos, dificultades y peligros en el camino que tienes por delante. Descubrirás los límites del trayecto y las fuentes ocultas de alimento. Sobre todo, te tomarás el tiempo para conocer y escuchar a tu nuevo compañero, el duelo. Si te sientes consternado por el duelo o por la reacción de tu familia o amigos ante él, te animo a que empieces por allí. Creo que encontrarás una guía útil para orientarte en tu dolor.

Una vez que los senderistas han trazado su trayecto, es hora de juntar su equipo. Los viajeros que se dirigen al campo suelen llevar «diez elementos esenciales». Esos son sus elementos de supervivencia, como un mapa, una brújula y un encendedor de fuego. Descubrirás que la segunda parte está llena de elementos esenciales de supervivencia, ideas prácticas para quienes hemos reconocido el duelo como nuestro compañero. Si estás sumido hasta el cuello en un duelo agudo, comienza allí. En esos capítulos, sentirás que te escuchan y te conocen, así que reunirás las herramientas que te ayudarán a seguir adelante cuando sientas que el trayecto está demasiado oscuro para verlo. Estarás equipado para sobrevivir los tramos más duros de tu viaje con dolor y sufrimiento.

Por último, con el paso del tiempo después de la muerte de nuestro ser querido, muchos descubrimos que el viaje del duelo parece no tener fin. La fatiga y el desánimo pueden aparecer. Es posible que te preguntes si la vida puede volver a brillar con esperanza como lo hacía antes de tu pérdida. La tercera parte reconoce la naturaleza continua de nuestro duelo y proyecta una visión para una comunidad cristiana que apoye las necesidades a largo plazo de quienes han sufrido la pérdida de un ser querido. Si estás más avanzado en tu viaje de duelo, es posible que desees comenzar allí. La tercera parte te ofrecerá inspiración al visualizar tu duelo colocado en el contexto de una comunidad de fe y a la luz de la esperanza del evangelio. Impregnado por el consuelo y el poder del Espíritu, tú puedes lograr esa tarea difícil.

EL JABÓN QUE DEJÓ

¿Recuerdas ese trozo de jabón Irish Spring que Rob dejó? Cuando me di cuenta por primera vez de que esa era su última pastilla de jabón, la traté como un artefacto de museo. Quité con cuidado el pequeño trozo de la regadera de agua y lo coloqué en un estante de la ducha, donde descansaba junto a su navaja. Era solo un pedacito, en realidad. Aun así, no tenía el valor de usarlo; había estado en mi ducha desde antes de que él muriera. Ese jabón se sentía tan íntimo: su cuerpo fue lo último que limpió.

Ese pedacito de jabón contenía todos mis miedos. Temía que las aguas de la tristeza me consumieran y me convirtieran en algo pequeño. Temía que, con el tiempo, mi vida cambiara de forma tan dramática que no quedara rastro de Rob. Temía que se acabara, que se reemplazara con algo nuevo. Conservar o usar. Es una forma de pensar en todo o nada, lo sé. El miedo le hace eso a mi corazón y a mi mente.

Fue entonces que recordé que hay una tercera vía. (¿Acaso no la hay siempre, si la buscamos?). Cuando era niña, mi madre solía tomar la barra de jabón que se estaba acabando en la ducha y la colocaba encima de una barra nueva, en un intento de no desperdiciar nada, sin duda un truco de la era de la Gran

Depresión que había aprendido de su madre. Las dos barras quedaban una sobre la otra cuando estaban mojadas y, a medida que se secaban, las dos se endurecían y formaban una sola. Los dos jabones desarrollaban una fuerte unión que nada puede separar, incluso con el desgaste del uso posterior.

Inspirada por ese recuerdo de hacía mucho tiempo, coloqué en mi ducha el pequeño jabón de Rob encima de uno nuevo. Su viejo y pequeño Irish Spring ahora descansaba sobre mi nueva barra de lavanda, una imagen de mi duelo por su muerte unido para siempre a la nueva vida que viviré sin él.

La fusión que hice de los jabones no es solo un ritual sentimental. Es una imagen de la forma en la que podemos vivir nuestra vida frente a la pérdida. Podemos encontrar una vida nueva, unidos para siempre a aquellos a quienes hemos amado, incluso cuando debemos enfrentar el lento desvanecimiento de su vida en la nuestra. Nuestra vida es más fuerte porque se conectó muy profundamente con aquellos que hemos perdido.

La vida, al igual que el jabón, está hecha para que la usemos, no para que la guardemos. Nuestra vida, aunque estropeada por el dolor y coloreada por el duelo, está hecha para florecer, no para morir. Fuimos hechos para ser de provecho, para el trabajo, la oración y la alabanza, sin aislarnos del duelo, sino en medio de él. En las manos del Buen Pastor, el dolor puede transformarse en propósito. La vida se puede redimir del pozo de la desesperación. Ni siquiera nuestro duelo tiene por qué ser un desperdicio.

En su propio viaje a los Lugares Altos, la pequeña Miedosa por fin aceptó a sus nuevas compañeras, Dolores y Sufrimientos. Ella pensó: «*Otros han pasado por este camino antes que yo [...] e incluso pudieron cantar acerca de ello después*»[3]. El Pastor le prometió a Miedosa que sus compañeras la conducirían a donde tenía que llegar. El duelo sería su guía en el camino hacia los Lugares Altos. Mientras caminamos juntos, confío en que lo mismo será cierto para ti. Entonces, orientemos nuestros pies hacia adelante, hacia el camino que tenemos ante nosotros.

PARA REFLEXIÓN

1. Antes de que tu ser querido muriera, ¿qué experiencias habías tenido con la muerte?
2. ¿Qué prácticas culturales te han dificultado reconocer tu pérdida?
3. ¿Puedes comenzar el duelo antes de la muerte de una persona? Si es así, ¿cómo podría serte de utilidad?
4. ¿Has hablado con tus seres queridos sobre tu propia muerte? ¿Por qué sí o por qué no?
5. ¿Cómo te sientes al escuchar la frase «El duelo es su compañero»?

PRIMERA PARTE

PREPARACIÓN PARA EL VIAJE

CAPÍTULO 2

Obstáculos en el camino: Cuatro mitos que creemos en cuanto al duelo y la pérdida

Créame, cuando llegue a los lugares que teme, descubrirá que son lo más diferente posible de lo que había imaginado.

HANNAH HURNARD, *PIES DE CIERVAS EN LOS LUGARES ALTOS*

En la escuela secundaria, participé en una gira para presentar una obra de teatro de lectores acerca de cinco misioneros que sufrieron el martirio en una de las selvas de Ecuador en 1956: Jim Elliot, Nate Saint, Roger Youderian, Ed McCully y Pete Fleming. Su muerte fue noticia internacional y despertó el entusiasmo misionero norteamericano en el siglo xx. Cuando yo era adolescente, leí los diarios de Jim Elliot que se publicaron, y devoré las historias de su vida que Elisabeth Elliot, su esposa, escribió después de su muerte. Algo de su historia tocó una fibra sensible en mi corazón.

Cada noche, actuaba como Elisabeth, el personaje principal, una joven madre y esposa valiente. A lo largo de noventa minutos, enviudaba en cada actuación. Recuerdo que hablaba de los planes misionales con Jim y que más adelante trataba con urgencia ponerme en contacto con él por radio desde la estación de Shell Mera. También se me viene a la memoria el pesado silencio que llenaba el auditorio cuando me enteraba de que mi esposo había muerto. Yo, a los diecisiete años, nunca podría haber imaginado que estaba ensayando una historia que algún día se convertiría en la mía. Memorizaba el guion de mi propia viudez.

Creía que me sabía de memoria la historia de Elisabeth Elliot. Así que, cuando me encontré en medio de mi propia versión de ella más de dos décadas después, la elegí como ejemplo de cómo gestionar el duelo. Ahora comprendía el impacto de una pérdida repentina, el dolor de perder al compañero de vida, la responsabilidad de criar a un hijo sola. Vi la determinación de Elisabeth de aferrarse a la vida y al propósito a la luz de la muerte, e intuí que el camino del duelo debía ser lineal, desde el duelo hasta la victoria, que mi dolor era una herida de la que algún día sanaría. Pensé que, si ella lo había hecho, yo también podría hacerlo.

Una semana después de la muerte de Rob, descubrí que él había colocado en su carrito de Amazon el nuevo libro de Elisabeth, *Sufrir nunca es en vano*, publicado póstumamente. El libro había sido una recomendación de su querido amigo, hijo de uno de los misioneros que sufrieron el martirio en Ecuador. Al tomar eso como una señal, pedí el libro de inmediato. Sentí que, a través de Rob, Dios me había dado esas palabras. Lo que descubrí me sorprendió.

Elisabeth Elliot murió en el 2015, casi sesenta años después de que su esposo fue asesinado con una lanza en un banco de arena en las selvas de Ecuador. En los años después de la muerte de Jim, Elisabeth se volvió a casar, enviudó por segunda vez y se casó de nuevo. Publicó más de veinte libros. Disfrutó ver crecer a sus ocho nietos. Elisabeth cultivó una vida rica y plena desde la tierra del sufrimiento que había soportado.

Cuando Elisabeth escribió *Sufrir nunca es en vano*, más de veinte años después de la muerte de Jim, ella seguía hablando de él. Mucho. Su nombre, su historia, su vida juntos: todo seguía en las páginas que tenía en mis manos. Durante el resto de su vida, Elisabeth no pudo hablar sobre el sufrimiento, la fe, el propósito o el amor sin mencionar al hombre que había amado y perdido. Todos sus escritos, desde los primeros días en que empezó a contar su historia hasta sus últimas palabras sobre el dolor y el propósito, toda su vida estuvo marcada por su amor por Jim. Aunque el tiempo había *transformado* su duelo, parece ser que nunca se lo quitó.

¿Qué debía pensar yo de todo eso? Durante toda mi vida, había escuchado frases como «el tiempo sana todas las heridas» cuando la gente hablaba de perder a un ser querido. Ante mí veía a una mujer que había prosperado después de la pérdida. Al igual que el Job de la Biblia, su vida después de la pérdida había sido bendecida de manera incalculable, pero el dolor parecía seguir presente en todo lo que escribía. Cuando comencé a hablar con otras personas que estaban en duelo, descubrí lo mismo. Si eso era así, ¿qué podía esperar yo de mi experiencia de duelo en realidad? Tuve que averiguar por qué había una desconexión tan significativa entre cómo hablábamos sobre el duelo y cómo lo vivíamos.

LO QUE YO PENSABA QUE SABÍA

Cuando Rob murió, lo poco que yo sabía acerca del duelo se volvió inadecuado e inútil. Para sorpresa y decepción mías, la vida después de la pérdida no se parecía en nada a pasar del punto A al punto B. Más bien, cada día, sin quererlo, me hallaba corriendo a través de un campo minado de emociones, sin saber muy bien dónde explotaría el duelo bajo mis pies. Mi tristeza además no era una herida. La bomba de la muerte había estallado en la sala de mi vida, y todo estaba en ruinas. Una curita y el tiempo no podían arreglarlo. Si Elisabeth Elliot tenía razón, el duelo me marcaría de manera permanente. El camino hacia el florecimiento no se parecería en nada a lo que yo esperaba.

Pocos entendemos hasta qué punto nuestra cultura de aversión hacia la muerte moldea nuestra forma de pensar en cuanto a la muerte de nuestros seres queridos. Los estereotipos que escuchamos después de una pérdida suenan vacíos, pero no nos sentimos seguros de querer darles la espalda por completo. Al menos suenan prometedores. Queremos huir de la realidad de que el dolor y el sufrimiento son endémicos en este mundo caído. Pretendemos creer que podemos salir de nuestro duelo y encontrar una vida mejor al otro lado.

Pocos entendemos hasta qué punto nuestra cultura de aversión hacia la muerte moldea nuestra forma de pensar en cuanto a la muerte de nuestros seres queridos.

Cuando permitimos que los mitos y las frases trilladas culturales sobre el duelo y la pérdida se filtren en nuestros pensamientos e influyan en nuestras acciones, lo que en realidad logran es dañarnos, no consolarnos. Siendo honestos, el duelo no se parece en nada a lo que hemos escuchado al respecto. Nos guste o no, la obra transformadora de Dios a menudo llega a nosotros por medio del sufrimiento. Nos perdemos de algo importante cuando tratamos de evitar, apresurar o explicar la herida que ensombrece nuestro camino.

Si queremos hacer un buen duelo y volver a vivir en plenitud, debemos identificar las historias malsanas que contamos y reemplazarlas con la verdad. Tenemos que ser honestos. Al comienzo de este viaje juntos, debemos hacer un poco de «mantenimiento del trayecto». Desmantelemos algunos de estos mitos que crean obstáculos en nuestro camino y construyamos un camino mejor y más veraz para caminar con el dolor.

PRIMER MITO: ALGUNAS PÉRDIDAS SON PEORES QUE OTRAS

Cuando Rob murió, sentí al principio que me habían despojado de los muchos años que creía que teníamos que haber disfrutado. Había perdido mucho en un momento trágico. Ni siquiera había tenido la oportunidad de despedirme. Confieso que desarrollé una pequeña jerarquía en mi cabeza. El duelo de mis hijos era el peor: ellos llevarían esa pérdida durante los siguientes sesenta, setenta u ochenta años de su vida. Mi duelo quedó en un cercano segundo lugar. Aislé mi sufrimiento en un pedestal. Nadie podía igualar esa tristeza.

No pasó mucho tiempo antes de que esas conversaciones internas me hicieran sentirme avergonzada, y con razón. Tuve que confrontar el reclamo exclusivo que había puesto en el dolor. Mi duelo se había inclinado de manera peligrosa hacia el egoísmo. Había caído en la trampa del mundo de clasificar el duelo. Esa no era una carrera para obtener el premio al «duelo más profundo». Necesitaba arrepentirme de la actitud avara y desconsiderada que, por error, había llamado amor doliente.

Como medida correctiva, giré mi péndulo emocional en la otra dirección. Traté de restarle importancia a la profundidad y a la amplitud de mi duelo. En lugar de comparar, traté de convencerme de que todas las pérdidas eran iguales, que perder a un buen amigo o a un hijo adulto era *exactamente lo mismo que* perder a mi esposo. A pesar de que me parecía inexacto agrupar todas las pérdidas, traté de decirme que todo el mundo tiene una cruz que cargar. Me convencí de que tenía que haber un lado positivo que debía encontrarle a mi pérdida. Empecé a decir la frase «al menos»: *al menos* no estuvo enfermo durante mucho tiempo, *al menos* yo sabía que me amaba, *al menos* yo tenía hijos a mi lado para soportar el dolor.

No fue sino hasta que hablé con otras personas que estaban en duelo que aprendí cuán normal es este ir y venir. No solo es común clasificar nuestro propio dolor como el peor de todos, sino que también es común descartarlo por completo. Ambas reacciones se derivan de una necesidad innata de entender cómo encaja nuestro duelo en el resto del mundo y cómo debemos pensar acerca de él. Resulta que a todos nos cuesta entender cómo el duelo puede ser tanto único como universal, cómo nuestro dolor nos importa de manera personal y también en un contexto más amplio. Había observado cómo el mundo que me rodeaba hablaba de la muerte, y había llegado a la conclusión de que algunas pérdidas tenían que ser peores que otras.

Desde que murió tu ser querido, ¿has tratado de convencerte de que alguien está peor que tú? ¿Ha compartido contigo un amigo o familiar una historia «más trágica» para darte

Lynn reflexiona sobre la muerte de su esposo:

Mi esposo se desplomó en la noche. No hubo despedida. El duelo llegó con rapidez y resultó ser más complicado de lo que se lo llevó. Imposible de ignorarlo, el duelo invadió implacablemente. Se entrometió con exigencias impredecibles. Las necesidades individuales crearon una niebla que inmovilizó a mi familia. Cerré las ventanas y dejé espacio para luchar.

Expuse los desafíos a amigos de confianza. Me tranquilizaron al decir: «Vas a cometer errores. Serán tus errores». Al admitir mi imperfección, le supliqué a Dios que abriera y cerrara las puertas que guiaban cada paso. Con toda paciencia, él tomó lo que yo trataba de soltar, una y otra vez.

A medida que la niebla se desvanecía, reconocí que el duelo no era un enemigo. Aunque no se podía desalojar el duelo a pesar de su grosera desconsideración por los horarios y el tiempo, estaba conectado al amor que siempre será parte de nosotros. En el contexto del amor, el duelo refinó y fortaleció a mi familia a medida que perseveramos.

perspectiva? ¿Sientes que quienes te rodean consideran que tu pérdida es insignificante o que tus expresiones de duelo son exageradas o no están justificadas? Si es así, te has encontrado con el primer obstáculo en el camino hacia un duelo saludable: la jerarquía del duelo de nuestra cultura, el sistema de clasificación invisible que usamos para explicar los sentimientos o consolarnos con frases trilladas.

Si has perdido a un ser querido de edad avanzada o a alguien que sufría de una enfermedad terminal, sospecho que te has encontrado con esa jerarquía del duelo como un intento de consuelo. Tal vez incluso la hayas usado tú para consolarte. Solemos usar una jerarquía del duelo para minimizar nuestro duelo. Nos convencemos de que la muerte no tiene por qué afectarnos en lo profundo, que no debemos estar tristes, porque la abuela «tuvo una vida plena y larga». Calmamos nuestro duelo al razonar: «Al menos no está sufriendo más dolor». Si has sufrido un aborto espontáneo, es posible que hayas recibido un consuelo vacío como «puedes tener otro bebé» o «supongo que no debía nacer». Tal vez incluso tú mismo te hayas repetido esas frases.

Ahora bien, una vida larga, el alivio del dolor o una muerte tranquila y sin complicaciones no disminuyen la tragedia de la muerte. Toda pérdida merece que se llore. La pérdida del bebé que nunca has tenido en brazos no es menos dolorosa que la pérdida de un hijo adulto. La muerte de un amigo no es menos desgarradora que la muerte de un cónyuge. La muerte de una persona que ha vivido muchos años es tan dolorosa como la muerte de alguien que sentimos que ha vivido muy pocos, porque *toda muerte es una marca de la maldición*. Entonces, ya sea que llegue temprano o tarde en la vida, por causas naturales, un accidente o una enfermedad, la muerte duele.

Si bien es cierto que toda muerte es una tragedia, cada muerte tiene consecuencias únicas. Diferentes relaciones provocan diferentes reacciones de duelo y tocan diferentes dimensiones de pérdida. Yo no podía entender mejor al padre que había visto a su hijo deteriorarse poco a poco por el cáncer de lo que él podía entender la visita del capellán al lugar donde yo acampaba. Una amiga que había perdido a su hermana adulta en un accidente automovilístico no podía comprender la reorientación radical que sufrí cuando Rob se marchó de mi vida de repente. Mi duelo en realidad era único. Ninguna pérdida es más importante que otra. Y *tampoco es cierto* que todo duelo es igual.

Nadie más que tú tiene que vivir tu vida y lidiar con la singularidad de tu duelo. Por lo tanto, a medida que buscas llorar libre y plenamente, puedes permitirte sentir esa pérdida sin explicarla. No es necesario que minimices tu pérdida porque «no es tan mala» como la de otra persona. Puedes permitirte el espacio para vivir el duelo de lleno. Incluso cuando se vive el duelo de una pérdida dentro de la familia, cada uno lo vivirá según la relación única que tuvo con esa persona. Nadie lo pasa peor. Cada quien debe soportar su pérdida particular de la persona que se ha marchado.

Al reconocer y honrar la singularidad de tu duelo, tus conexiones con los demás pueden ayudarte a evitar los impulsos hacia la autovictimización. Quienes nos acompañan en el sufrimiento nos recuerdan que no debemos ni aislarnos y curar nuestras heridas por cuenta propia ni comparar nuestras penas de manera que nos pinten como héroes o mártires.

Al fijar tus ojos en Jesús, puedes reajustar la inclinación que por defecto se tiene hacia la jerarquía. Tú caminas a lo largo de ese difícil camino con alguien que comprende por completo la profundidad de tu duelo. Jesús, el Hombre de Dolores, conoce en lo íntimo el abandono, el rechazo, la confusión y el dolor. En la dulce compañía de su presencia, Jesús se ofrece a envolver tu duelo dentro del suyo propio. Él no solo simpatiza. También empatiza. Como dice el escritor de himnos: «Jesucristo es nuestro Amigo, de esto pruebas nos mostró».

Cuando comprendas cuánto te ama Dios, cuán íntimamente

conoce él tus penas, descubrirás que no tienes que avergonzarte de compartir tu pérdida con quienes te rodean. En un mundo en el que parece que tú ya no encajas, tu duelo encaja a la perfección en la mano de Jesús, la cual lleva las cicatrices de los clavos. Debido a eso, no tienes que preocuparte si te resulta más fácil o más difícil que a otra persona que vive en duelo. La huella del duelo en tu vida será tuya, una marca sagrada. Puedes tanto liberarte del impulso de nuestra cultura de categorizar nuestras penas como resistir la tentación de ignorar tu tristeza o de llorar en soledad.

SEGUNDO MITO: HAY UNA MANERA CORRECTA DE VIVIR EL DUELO

Debido a que creemos que algunas pérdidas merecen más atención que otras, hemos aceptado, sin darnos cuenta, un sistema de reglas implícitas que afirma que hay una manera correcta de vivir el duelo. Creemos que ciertas pérdidas permiten ciertos tipos de duelo. Se puede llorar por la pérdida de un padre pero no por la de la querida mascota de la familia. Puedes llorar por la muerte de tu esposo, pero debes superarlo después de un año. Es simplemente lúgubre dejar las pertenencias de un ser querido tal como las dejó. Esos límites prescritos para el duelo no solo trazan la línea entre pérdidas menos y más dolorosas, sino que también determinan cuándo, dónde y cuánto tiempo debemos llorar. A veces, implican que no debemos vivir el duelo en lo más mínimo.

Después de la muerte de un ser querido, uno aprende pronto dónde y cuándo el dolor no es bienvenido, y suele hacerse un curso intensivo sobre el desastre. Uno se disculpa por llorar en público. Preocupado por ser un aguafiestas en las celebraciones, no menciona su pérdida entre amigos. Se siente obligado por quienes lo rodean a completar su duelo: es decir, o a terminarlo en máximo un año o por lo menos a esconderlo y volver a la normalidad. Descubres pronto que los límites para la aceptación del duelo son muy estrechos.

Solo un fragmento de la historia de los Estados Unidos nos muestra cuán estrecha es a menudo nuestra perspectiva cuando abordamos cómo vivir bien el duelo. En mi hogar en Nueva Inglaterra, los puritanos coloniales del siglo XVIII, quienes evitaban las demostraciones externas de dolor, celebraban costosos funerales que incluían regalos para los participantes y bebidas alcohólicas que, en ocasiones, se convertían en desfiles de personas ebrias por las calles[1]. A pesar de su austera teología de la providencia de Dios, los puritanos «incluso oraban para que su duelo "nunca desapareciera"», según escribe el historiador David Hackett Fischer[2]. En una cultura en la que la muerte era algo habitual y la fe era el cimiento, a la gente aún le costaba saber cómo expresar sus pérdidas y por cuánto tiempo debían sentir los efectos.

El duelo también encuentra una amplia variedad de expresiones alrededor del mundo. Muchas culturas asiáticas se basan en un ritmo tradicional de prácticas de duelo personal. Las comunidades africanas en el continente, y las comunidades afroamericanas aquí en Occidente, enfatizan el duelo colectivo. Algunas culturas se centran en la liberación del dolor de la tierra, mientras que otras se involucran en prácticas de duelo que en otros lugares se considerarían prolongadas. Si has sentido la presión de llorar de una manera particular, ten por seguro que es solo una de las muchas que podrías elegir.

El cuerpo de Cristo refleja una diversidad de culturas, tradiciones y creencias. También puede reflejar diversidad en la expresión del duelo. No existe un ritual único y definitivo en cuanto a cómo expresar el duelo para la gloria de Dios. Ya sea que la muerte de tu ser querido haya «roto las reglas» de las expectativas culturales o no, puedes estar seguro de que buscar el rostro de Dios, no la aprobación de los demás, es la forma correcta de vivir el duelo. Para la mayoría de nosotros, superar ese obstáculo consiste simplemente de escuchar esas palabras de liberación y permiso. Tú eres una persona única. También lo son tus expresiones de tristeza. En la búsqueda de la salud física, emocional y espiritual, la forma que elijas para expresar tu duelo puede ser un regalo para el cuerpo de Cristo.

TERCER MITO: LO QUE NO NOS MATA NOS FORTALECE

Si no hay una sola forma correcta de vivir el duelo, ¿puede haber una forma incorrecta de vivirlo? Para el cristiano, sí. Por desgracia, muchos hemos adoptado una idea del marcado individualismo estadounidense de que la adversidad es una prueba de nuestro temple. Cuando se trata del duelo, podemos creer de manera errónea que nuestra forma de gestionar el duelo nos mostrará lo que valemos. Afirmamos que, como un trago de licor que arde al bajar, lo que no nos mata nos fortalece. Cuando adoptamos esa perspectiva, nos desviamos de nuestro rumbo de una manera peligrosa.

Entiendo nuestro deseo innato de sacar fuerzas de la adversidad. Queremos creer que podemos superar las situaciones difíciles. En un sentido muy humano, queremos estar seguros de que nuestro sufrimiento no es en vano, de que algo bueno nos espera al otro lado, de que incluso la pérdida de alguien que amamos tiene un propósito... y no solo en un futuro lejano, sino aquí y ahora. Convertimos los textos de las Escrituras acerca de la perseverancia en frases motivacionales destinadas a instarnos a superar nuestro dolor, a menudo sin reconocer todo su peso. En una cultura en la que la debilidad y la fragilidad no son virtudes, es frecuente sentir la necesidad de seguir adelante, incluso cuando la carga del duelo nos pone de rodillas.

El duelo no es ni un ejercicio de fortalecimiento ni una lección objetiva. Nos encontramos con Jesús no solo en el triunfo, sino en el sufrimiento. Nuestra vulnerabilidad en el duelo revela la fuerza de Cristo que abunda en nosotros. No es en nuestra fuerza, sino en nuestra debilidad, que descubrimos que él es poderoso para salvar.

Como cristianos, creemos de todo corazón que Dios saca belleza de las cenizas, que la resurrección es siempre su regalo gozoso después de la muerte. Las Escrituras nos prometen que «la resistencia desarrolla firmeza de carácter, y el carácter fortalece nuestra esperanza»[3]. Se nos dice que «lo que ahora sufrimos no es nada comparado con la gloria que él nos revelará»[4]. La ciencia incluso confirma esa verdad bíblica. Múltiples estudios nos dicen que algunas adversidades de por vida pueden resultar en resiliencia y satisfacción con la vida[5]. Un poco de fuego en la vida puede quemar la escoria y revelar el oro.

Dicho eso, el propósito del duelo no es que funcione como calistenia emocional para fortificar los músculos de nuestro corazón y alma, consolidándonos para lo que sea que la vida nos depare. La autosuficiencia no es uno de los frutos del Espíritu.

La carrera de obstáculos del dolor puede convertirse en un intento muy humano de vencer la oscuridad en lugar de buscar a Cristo en ella. El duelo no es ni un ejercicio de fortalecimiento ni una lección objetiva. Nos encontramos con Jesús no solo en el triunfo, sino en el sufrimiento. Nuestra vulnerabilidad en el duelo revela la fuerza de Cristo que abunda en nosotros. No es en nuestra fuerza, sino en nuestra debilidad, que descubrimos que él es poderoso para salvar.

El duelo puede hacer que desarrolles una coraza más gruesa o que tú mismo te endurezcas. Siendo honestos, sin embargo, eso no es lo que la mayoría de nosotros quiere. No queremos que la vida se congele para siempre en el tiempo, con los pies clavados en el cemento de un pasado doloroso que nunca podemos deshacer. Lo que más bien anhelamos es la libertad de un futuro prometedor. Con el Buen Pastor y el duelo como nuestros acompañantes, podemos invitar al dolor a que nos haga madurar, a que nos haga más sabios y más tiernos de las mejores maneras. Si estamos dispuestos, nuestro sufrimiento nos transformará en personas más apacibles, más gentiles, más compasivas, en creyentes que aceptan más la debilidad, que están más dispuestos a aceptar la contradicción y el misterio. Ese camino difícil puede ayudarnos a desarrollar coraje y valentía, no en la medida que demostramos nuestra propia fuerza, sino en la medida que nos entregamos de lleno a la de Dios.

CUARTO MITO: EL TIEMPO SANA TODAS LAS HERIDAS

Somos personas muy programadas. Conocemos el horario televisivo de nuestro drama o deporte favorito cada semana. El calendario gobiernan la vida diaria. Lamentamos que el tiempo vuele cuando nos divertimos, que los días sean largos pero los años cortos. ¿Por qué no deberíamos creer también entonces que el tiempo podría tener un efecto mágico en el dolor que llevamos con nosotros? Anhelamos narrativas lineales. Queremos creer que si podemos alejarnos lo suficiente del acontecimiento de nuestra pérdida, descubriremos que duele menos de lo que solía doler.

Para convencernos del poder sanador del tiempo, comparamos nuestro duelo con una herida. Sin duda duele como una herida y, dada la maldición del pecado, anhelamos que se resuelva el dolor. Hablamos de estar quebrantados, de anhelar la sanidad, de buscar la recuperación. Por otro lado, el duelo no es un problema que necesite reparación, como un brazo o una pierna que se ha roto. Es tan natural y normal como lo es un parto o respirar. El duelo no es ni enfermedad ni lesión. No es inherentemente bueno o malo.

Ver el duelo como una enfermedad o lesión no funciona. La analogía se derriba bastante rápido. Por más que lo intentemos, no podemos resolver el dolor. Intentamos en nuevas relaciones llenar el vacío que dejó nuestro ser querido, pero descubrimos que la tristeza nos persigue. Nos desanimamos al ver que, meses o incluso años después, nuestro corazón se sigue sintiendo deshecho y nuestras lágrimas aún brotan de la nada. Nos parece que ya tendríamos que haberlo superado, que ya tendríamos que haber sanado. Comenzamos a caminar más rápido, queriendo crear distancia entre nosotros y el duelo, pero descubrimos que se sigue sintiendo como caminar con una pierna rota. ¿A qué se debe? A que el duelo no es una herida, sino una expresión del corazón herido.

El duelo no va en línea recta del punto A al punto B, sino a lo largo de un camino con giros y vueltas que no se pueden trazar. Tiene su propia inteligencia emocional y su propia brújula interna. El duelo llega no en ciclos o patrones predecibles, sino en oleadas. Por lo que el tiempo tiene poco efecto en la naturaleza general de nuestra tristeza. Nuestro duelo envejece, como un vino, y madura en sabor y se ajusta en potencia. Con todo, nunca desaparece. El tiempo puede cambiar nuestro duelo, pero no lo hará desaparecer.

Después de la muerte de Rob, yo veía muerte y duelo por todos lados. Con el paso del tiempo, sin embargo, descubrí que mi vida había comenzado a crecer en torno a mi pérdida. Darme cuenta de eso me aterrorizó. A pesar de lo espantosa que había sido aquella noche en el lugar donde acampaba, no quería alejarme demasiado de ella. No quería olvidar jamás el dolor desgarrador y el vacío que sentí en mi cuerpo cuando recibí la noticia de que Rob había muerto. Dejar eso significaba, en cierto sentido, dejarlo a él. Descubrí que, a medida que mi vida comenzaba a avanzar con el duelo, yo no quería que el tiempo sanara la herida.

El duelo no va en línea recta del punto A al punto B, sino a lo largo de un camino con giros y vueltas que no se pueden trazar. Tiene su propia inteligencia emocional y su propia brújula interna. El duelo llega no en ciclos o patrones predecibles.

Experimentar ese dolor punzante me hacía sentirme cerca de Rob. Si el tiempo sanaba la herida de la muerte, Rob se desvanecería cada vez más en mi pasado. Yo no podía soportar la idea de estar lejos del hombre que yo amaba. Me esforcé por acceder a esos sentimientos hirientes, pero no pude. Mi duelo era una expresión de mi amor. ¿Se iban desvaneciendo mi amor y mi pena?

Cierto día, abrí mi caja de seguridad para retirar de ella un nuevo talonario de cheques. Mientras hojeaba los sobres etiquetados, vi el que decía: «Rob - Muerte». En el interior, el certificado de defunción verde estaba doblado con cuidado junto con el recibo de la lápida que había comprado. No te diré que todas las emociones de esa primera noche volvieron a aparecer. No fue así. Pero cuando desdoblé con cuidado el certificado de defunción y volví a leer aquellas palabras —*caída... lesiones traumáticas... casado*—, sentí ese dolor conocido. En medio de un día normal, volví a ser esa mujer que hablaba por teléfono con la oficina del médico forense. Yo era esa esposa que se preguntaba qué iba a hacer por el resto de su vida sin él. La realidad era que, aunque mi vida se había vuelto plena y hermosa en torno a mi pérdida, *todo el duelo seguía allí.*

Después de la muerte de un ser querido, los minutos siguen pasando. La vida sigue, incluso cuando sentimos, o deseamos, que se hubiera detenido. Con el paso del tiempo, descubrirás que cargas el peso de tu duelo de otra manera. Ocupará un espacio diferente en tu vida. La novedad del duelo puede desaparecer, pero su esencia permanece. Por el resto de la vida, extrañaremos a la persona que perdimos. Experimentaremos dolor cuando recordemos su ausencia. El tiempo cambiará nuestro dolor, pero no tenemos que buscar la sanidad para encontrar la felicidad. No tenemos que anhelar el cierre del duelo para descubrir el florecimiento. Podemos dejar atrás las frases trilladas y los mitos y descubrir la amistad en el lugar más inesperado. Podemos aprender a aceptar nuestro duelo.

PARA REFLEXIÓN

1. ¿Qué mitos has escuchado o creído sobre el duelo? ¿Te atraen? Si es así, ¿por qué?
2. ¿Te resulta difícil reconocer que tu duelo es único y universal a la vez? ¿Por qué sí o por qué no? ¿Qué recursos puedes encontrar para aceptar esa verdad?
3. ¿Qué expresiones de duelo te parecen más naturales?
4. ¿Qué te hace sentir escuchar que el tiempo no sana todas las heridas?
5. ¿Dónde crees que Jesús podría estar buscando tu compañía en tu sufrimiento?

CAPÍTULO 3

Enfrentando el duelo: Cómo conocer a tu nuevo compañero

Ella ya no luchaba con su duelo; ahora bien, podía sentarse con él como un compañero duradero y hacerlo partícipe de sus pensamientos.

GEORGE ELIOT, *MIDDLEMARCH*

Seis meses después, la casa estaba tranquila. Mis padres se habían ofrecido amablemente a llevar a mis cuatro hijos a un día de aventuras y, por primera vez en mucho tiempo, yo estaba sola. Venía sintiendo el peso de la crianza de los hijos después de la pérdida, y quería que volvieran a sentir algo de esa antigua «normalidad». Así que los envolví en gorros y guantes cómodos y los besé en la puerta mientras salían corriendo para pasar la mañana en un museo marítimo local con el abuelito y la abuelita.

Yo estaba de pie en la sala. El reloj, un regalo de bodas de hacía años, hacía un silencioso tictac en el comedor. El lavavajillas zumbaba en la cocina. Me sentí tan pequeña de repente. Tan sola. Tanto sentía la ausencia de Rob, que me dolía en lo más profundo del cuerpo. Las lágrimas comenzaron a salir de pronto.

Había evitado aquello, el estar lejos de mis hijos, desde que Rob murió. Había consuelo en la presencia de mis hijos, un compañerismo en el dolor que nos había sobrevenido. Más que nadie en la tierra, esas cuatro personitas entendían todo lo que habíamos perdido. No necesitaba explicaciones cuando estaba con ellos. No necesitaba minimizar mi dolor para que se sintieran más tranquilos. Vi el auto de mis padres salir de la entrada y quería correr detrás de ellos. «¡Llévenme con ustedes! —quería gritar—. ¡No me dejen aquí sola!».

Si era sincera, sabía que no estaba sola. Y eso es lo que más me asustaba. El duelo estaba a mi lado. En el silencio de mi casa vacía en aquel momento. En la quietud de esa vida que, sin las distracciones, sufría cuando mi pena me carcomía. Todos los días, el ruido y la plenitud de la vida con cuatro hijos ahogaban la voz del duelo. Aquel día, en silencio, sin embargo, sabía que la oiría hablar. No quería escuchar. No quería escuchar lo que el duelo tenía que decirme.

Me dispuse a hacer un buen uso del tiempo, un ejercicio de industria y distracción. «Sal de ahí, Clarissa —me dije a mí misma—. Has querido esto para los niños». Todos los recursos de apoyo para el duelo me habían dicho que moviera mi cuerpo, así que lo hice. Pronto, la ropa sucia se remojaba, la sala de estar estaba ordenada y mi lista de compras esperaba junto a mi bolso al lado de la puerta principal. ¿Y ahora qué?

Algunas actividades, como movimientos y ritmos que desencadenaban mi tristeza, las había aprendido a evitar desde la muerte de Rob. Cuando él todavía estaba, yo tomaba duchas largas y calientes para despertarme por la mañana. Ahora me metía y salía. A pocos meses de su muerte, yo no había tenido el valor de mover el jabón de Rob de la jabonera de la ducha. De pie en la ducha frente al jabón, me sentía torpemente atrapada, como si fuéramos dos personas en un ascensor, no seguras de si hacer contacto visual o no. Ni siquiera quería estar a solas con el jabón.

Tampoco me sentía a gusto en lugares menos solitarios. Cuando vaciaba el lavavajillas después de cenar, algo que solíamos hacer juntos, ponía música. Sospechaba que el duelo quería hablarme en la tranquila coreografía de guardar tazas y platos en las repisas. Tenía miedo de que, si la escuchaba, yo ya no podría funcionar, que el torrente de sus palabras me arrastraría a un mar interminable de lágrimas. De todos modos, ¿qué podía decirme el duelo que me fuera de ayuda?

UN NUEVO PARADIGMA

Si el duelo no es ni una herida ni una lesión, y si tampoco es un evento de distancia con una línea de meta por delante, ¿qué es? ¿Qué es eso que ha llegado a tu puerta y se ha instalado en todos los rincones de tu vida? El dolor que sientes después de perder a un ser querido es tan poderoso, y transforma tanto la vida, que se puede personificar. El duelo es tu compañero.

Ya sea que lo hayas reconocido o no como tal, sé que lo has sentido. Has entrado a una gran tienda donde pensabas que serías anónimo y, sin esperarlo, te encuentras con el duelo cara a cara en el olor a colonia de un transeúnte. Has vuelto a la oficina después del funeral y descubierto que colegas que se codeaban contigo ahora ofrecen espacio adicional entre su silla y la tuya. Ven a tu visitante invisible. El duelo se ha ido a trabajar contigo.

Es posible que nunca hayas ni pensado ni escuchado acerca del duelo como compañero, pero estoy convencida de que necesitamos ese nuevo paradigma de compañerismo por dos razones. En primer lugar, necesitamos palabras para describir cómo opera en realidad el duelo en nuestra vida. Cuanto más tiempo vivamos con él, más descubriremos que el duelo es persistente, que lo abarca todo y es duradero. No es estático, sino que crece y cambia con nosotros a lo largo del tiempo. Concebir el duelo como un compañero nos permite liberar el esfuerzo y la resistencia que caracterizan gran parte del duelo contemporáneo. Podemos mirar a nuestro duelo con compasión, escuchar sus penas y aprender de su sabiduría. Si en verdad buscas progresar, esta es la realidad.

En segundo lugar, al nosotros reconocer, aceptar y, sí, incluso abrazar el duelo, ese compañero no deseado puede ofrecernos esperanza para el futuro. Al igual que Miedosa en *Pies de ciervas en los lugares altos*, cuando tomamos las manos de Dolores y Sufrimientos, podemos caminar junto a ellas hacia la vida que anhelamos después de la pérdida. Aunque la vida nueva vendrá a tropezones, podemos, para nuestra sorpresa, seguir adelante, no sacudiéndonos el duelo, sino llevándolo a lo largo del viaje. Entablar amistad con nuestro duelo puede ser la clave para volver a florecer. Isaías 53 nos dice que Jesús era «conocedor» del duelo[1], una palabra que en hebreo se puede traducir como «amigo de confianza». Mientras estamos ocupados tratando de huir, sanar o recuperarnos de nuestras penas, Jesús nos invita a un camino mejor: a no evitar

Mientras estamos ocupados tratando de huir, sanar o recuperarnos de nuestras penas, Jesús nos invita a un camino mejor: a no evitar la tristeza, sino a hacernos sus amigos.

la tristeza, sino a hacernos sus amigos. Al acompañar a nuestro dolor con cuidado, podemos seguir los pasos de Jesús.

Si has estado cuestionando la existencia, el poder o el amor de Dios en medio de tu pérdida, creo que encontrarás alivio en esta nueva perspectiva de tu vida con tristeza. La idea del duelo como compañero te invita a renunciar a expectativas y a frases trilladas que reflejan un evangelio represivo, una versión de franelógrafo bidimensional de la muerte y la resurrección que no tiene en cuenta las complejidades de vivir en un mundo que permanece bajo la maldición del pecado. Además, con un amigo experimentado como Jesús a tu lado, puedes entrar a una historia más completa, una en la que puedes aprender a confiar en Dios de maneras nuevas e íntimas en medio de tu oscuridad mientras aguardas con esperanza lo que «todavía no» es.

Dios nos dio el duelo como una forma de expresar lo que se ha perdido. Para el creyente que está en duelo, entonces, la tarea no consiste ni en descartar esa emoción ni en silenciar nuestros impulsos de amor o de ira. Más bien, podemos acudir al duelo, seguros de que Dios puede ofrecer gracia por medio de él. Al saber que Dios nos dio la capacidad de sentir un profundo dolor, podemos emplear incluso ese complicado don como una oportunidad para conocerlo más a él.

La palabra *compañero* significa literalmente «con pan», alguien con quien comemos. ¿Qué pasaría entonces si nos tranquilizáramos y admitiéramos que el duelo no se va a ninguna parte? ¿Qué podría enseñarnos? ¿Cómo nos guiaría y cambiaría? En lugar de huir, conozcamos a ese nuevo compañero y aprendamos a pensar sobre nuestro duelo en términos relacionales. Sentémonos y comamos juntos.

Al aprender a darle la bienvenida al duelo, a escucharlo cuando habla, a reconocer su presencia en el mundo exterior y a aceptar su naturaleza cambiante, estoy convencida de que descubrirás que puedes vivir como nunca pensaste que lo harías, incluso al transitar el camino del dolor. Conocerás la presencia de Dios de nuevas maneras conforme él te hable a través de las emociones que amablemente te ha dado para reconocer y procesar tu pérdida.

HACER AMISTAD CON EL DUELO

El duelo nos abruma cuando llega y sentimos, por primera vez, el peso del dolor en su presencia. El duelo se pone cómodo en nuestra sala de estar, se invita a sí mismo a la cocina y se presenta con nuestros amigos. Su agresividad nos deja perplejos. Exige ser escuchado y que se note su presencia. ¿Qué debe hacer una persona con un huésped tan atrevido e inoportuno? ¿Cómo es posible que la vida se haya consumido tan de repente con la pérdida? La vida tal como la conocíamos se ha desvanecido en un instante.

En los primeros días después de la pérdida, el duelo exige nuestra atención al punto de excluir otras prioridades. Su presencia puede afectar nuestra salud, nuestra resistencia y nuestra fortaleza mental. El duelo puede obligarnos a cuestionar creencias que por mucho tiempo hemos tenido arraigadas. ¿Cómo es que nos hacemos amigos de este torpe destructor? La realidad es que es sorprendente lo sencillo que es.

En primer lugar, el compañerismo significa que reconocemos la naturaleza total de la presencia del duelo. Al igual que cualquier nueva adición a tu hogar, el duelo afecta cada dimensión de tu vida: la física, la emocional, la psicológica, la relacional, la espiritual y la práctica. Por lo que no hay necesidad de intentar compartimentar tu dolor. Puedes dejar de disculparte por llorar. Puedes admitir que has perdido el apetito. Puedes ajustar tu horario, tu hogar y cualquier otra parte necesaria de tu vida para hospedar a este nuevo amigo. Si has tratado de mantener tu horario regular con ese nuevo amigo entrometido por allí, espero que leer esto te dé alivio.

El compañerismo también significa que buscamos la interacción relacional con nuestro duelo. Nos relacionamos con él en lugar de ignorarlo. Nos sentamos y lo atendemos en lugar de alejarlo. Creyendo que Dios nos ha dado el duelo como un regalo de expresión emocional, podemos encontrarnos con él con la expectativa de que Dios nos hablará por medio de él, nos enseñará sobre nosotros mismos y nos guiará con ternura para que lleguemos a ser más como Jesús. Si has estado huyendo de, empujando a o ignorando el peso de tu dolor, puedes aflojar los puños y relajar tu cuerpo y tu mente. Invitar al duelo a entrar es, en realidad, más fácil que mantenerlo al margen.

Por último, el paradigma del compañerismo nos invita a integrar nuestra pérdida de maneras que honren la forma en que nuestro amor persiste más allá de la muerte. Es posible que tu ser querido haya muerto hace una semana, hace un año o hace diez años, pero tu duelo no tiene por qué terminar, porque el duelo es una expresión de amor que permanece después de que el objeto del amor se ha ido. El compañerismo con el duelo nos recuerda que, conforme la vida crece en torno a nuestra pérdida, quedan innumerables formas de celebrar y honrar ese amor, en la tristeza y en la alegría que pueden crecer con el tiempo.

Nuestra relación con el duelo puede convertirse en un punto de conexión saludable y normal con nuestro ser querido, a quien llevamos con nosotros a la vida nueva que edificamos después de nuestra pérdida.

Aquel discurso acerca del compañerismo plantea la pregunta: *¿Me tiene que agradar? ¿Tengo que fingir que me siento hospitalario cuando la realidad es que desearía que toda la tristeza desapareciera?* Simplemente, no. Tu relación con el duelo es, sin duda alguna, una relación a regañadientes. Es posible que te moleste tu tristeza porque te provoca enojo o una profunda pesadumbre. Eso es totalmente normal. Recuerda que por mucho que el dolor sea una hermosa capacidad que Dios nos ha dado, su expresión está inextricablemente ligada a la maldición del pecado.

No tiene que agradarte tu duelo. Lo único que tienes que hacer es dejarlo entrar por la puerta principal de tu vida. Deja de ignorar el timbre. Da ese paso audaz y pon tu mano en la mano del duelo. Por difícil que sea creerlo en este momento, Dios usará el duelo para consolarte, enseñarte, animarte e incluso inspirarte. Considera ese pensamiento por un momento. No se trata de un discurso esperanzador, sino de la belleza del evangelio. Tu duelo puede convertirse en el lugar donde Jesús se encuentra contigo y te ministra de manera única. En tu duelo, el Señor puede parecerte

> *Tu duelo puede convertirse en el lugar donde Jesús se encuentra contigo y te ministra de manera única. En tu duelo, el Señor puede parecerte infinitamente más hermoso y lleno de gracia, incluso a medida que tú sostienes el misterio del sufrimiento y su bondad en la misma mano.*

infinitamente más hermoso y lleno de gracia, incluso a medida que tú sostienes el misterio del sufrimiento y su bondad en la misma mano.

LA VIDA CON EL DUELO

Cuando nos encontramos con el duelo por primera vez, nos parecemos mucho a los padres que le dan la bienvenida a un nuevo bebé. Tomamos las expectativas culturales que conocemos y las emociones que están programadas en nosotros, y dejamos que nos guíen de la misma manera que los nuevos padres leen las páginas de *Qué puedes esperar cuando estás esperando.* Es posible que tengamos algún conocimiento intelectual pero poca, o ninguna, experiencia práctica.

Como los padres aprenden pronto, sin embargo, no se llega a conocer a alguien a través de los libros, sino a través de la interacción. Esa es tu tarea principal: familiarizarte con tu duelo. En especial durante los primeros días agudos de la pérdida (tú defines lo que significa «primeros» para ti), pasar tiempo íntimo con el duelo es buena inversión de tiempo. La introducción del duelo en tu vida puede implicar caos, torpezas, frustración, ira y momentos de desesperación. Todo eso es normal.

La noche en que los capellanes visitaron el lugar donde yo acampaba, conocí el duelo con todo su horror espantoso: terror, confusión, llanto, dolor desgarrador. Me sentí abrumada. Mi agudo duelo inicial se comportó como un recién nacido. Al parecer, lloró durante horas y horas. Necesitó dormir mucho. Pronto consumió toda la energía que yo tenía. El duelo recién nacido fue egocéntrico. No egoísta, sino autoprotector. Durante las primeras semanas después de la muerte de Rob, traté de entender la trágica realidad de su accidente. No podía pensar en otra cosa. Incluso tenían que recordarme comer y ducharme. De la misma manera que un bebé recién nacido reclama la atención de sus padres, mi dolor clamaba por ser escuchado, visto y atendido.

En la aplicación Notas de mi teléfono, guardo una carta que me escribí a mí misma seis semanas después de la muerte de Rob. Está escrita de manera tosca, una serie de viñetas sin saludo. Todavía me tambaleaba a causa de la conmoción de lo que había sucedido. Quería gritar, meterme los dedos en los oídos, acurrucarme y desaparecer. Quería despertar de esa pesadilla y encontrar a Rob vivo de nuevo a mi lado. La mayoría de los días, la tristeza me enfermaba del estómago. El poder del duelo me aterrorizaba. Sabía que no podía escapar de la angustiosa experiencia que estaba soportando. Así que, ese domingo, menos de dos meses después de la muerte de Rob, me senté y traté de escuchar por primera vez lo que el duelo tenía que decir.

No recuerdo cuánto tiempo tardé, pero lo expuse todo. Mis pulgares volaban al escribir la frustración, la tristeza y la confusión de mi duelo, una oleada de tristeza que ya no podía reprimir. Al derramar mi dolor, me di cuenta de que, durante las últimas seis semanas, había tratado de ser fuerte. El modo de supervivencia se había activado de inmediato, por lo que todos mis instintos de mamá-osa se habían hecho cargo para proteger y cuidar a mis hijos en medio de nuestra pérdida. Había llorado hasta sentir que iba a vomitar. Había dormido durante horas mientras el duelo abrumaba mi cuerpo. Me había quedado despierta jugando solitario en un iPad para evitar las pesadillas. Había saludado a los invitados en el funeral y había reprimido los temores de que entraría en pánico. Había regresado a mi casa y dormía en mi cama sin mi esposo.

No había dejado que el dolor en realidad hablara hasta ese momento. Era hora de quitar mi dedo del dique, de desatar la lengua del duelo y dejar que dijera lo que tenía que decir. Aunque les había dicho algunas de esas cosas, en parte, a amigos y familiares, nunca lo había dicho todo así. Ese día, mientras le daba palabras al dolor que me consumía, el duelo encontró su voz.

En los días siguientes, descubrí que el duelo expresaba mis anhelos, mis frustraciones, mi dolor y mi amor. Para gran sorpresa mía, el duelo dijo lo que pensaba sin avergonzarse. Al dirigir mi atención a mi dolor, descubrí que ya no necesitaba alejar los sentimientos que aparecían de forma natural a lo largo de mi día. El tren suburbano silbaba cuando yo estaba sentada en mi auto en la fila para dejar a los niños en la escuela. Escuchaba al duelo lamentarse: «Se suponía que Rob dejara a los niños en la escuela por la mañana antes de tomar el tren». Cuando estaba sentada sola en mi clase de escuela dominical en la iglesia, con un asiento vacío a mi lado, el duelo susurraba: «¿Recuerdas cómo él deslizaba su brazo alrededor de tus hombros cuando se sentaban el uno al lado del otro?». Cuando una amiga se quejaba de los molestos hábitos de baño de su esposo, el duelo refunfuñaba con frustración: «Al menos está vivo». Permitir que el duelo hablara era más fácil que callarlo todo el tiempo.

A medida que comiences a abrirte al duelo como tu compañero, te invito a que te permitas el tiempo y el espacio para reconocer la profundidad y la amplitud de tu pérdida. Al igual que lo harías al conocer a un nuevo amigo, siéntate con tu

Michael reflexiona acerca de la muerte de sus padres y hermanos:

Perdí a mi padre a mis veinticinco años. A lo largo de los veinte años posteriores, perdí a mis dos hermanos: uno cuando yo tenía treinta y ocho y otro a mis cuarenta y cinco. Luego murió mi madre y, a los cuarenta y tantos años, quedé como la última persona de mi familia biológica.

Dado el duelo por el que ya había pasado, sinceramente pensé que estaría mejor de lo que estoy, que sería más hábil para superar la reciente pérdida de mi madre. Con todo, cada pérdida es diferente a la anterior y duele de maneras nuevas e inesperadas.

El duelo llega en momentos inesperados. Una canción, un olor, incluso el sonido de mi propia risa pueden desencadenarlo. El duelo puede despertarme en medio de la noche, sollozando y jadeando. Puede asentarse como una niebla sobre mis pensamientos durante horas, días, semanas y meses a la vez. He perdido el cabello por causa del duelo. He perdido el sueño por causa del duelo. Casi he perdido amistades por causa del duelo. Dicho eso, también he aprendido a vivir una vida más plena, a perseguir mis sueños y a superar mis miedos debido al duelo.

El duelo me ha hecho más fuerte. De él han salido muchas cosas buenas. Pero créeme que lo cambiaría todo por un día más con mi papá, mis hermanos y mi mamá.

tristeza el tiempo que necesites para desarrollar intimidad. ¿A qué se siente tu duelo entre las multitudes y cuando estás solo? ¿Qué viejos miedos e inseguridades evoca tu tristeza? Cuando el duelo comparte su ira o frustración, ¿puedes escuchar con respeto y con una mente abierta?

CON EL PASO DEL TIEMPO

Cuando la hija de mi amiga Carol se comprometió doce años después de la muerte de su padre, Carol no podía haber estado más feliz. No era una mujer frívola, pero se sentía a menudo como si hubiera bebido champán. Desde la muerte de Phil, su esposo, hacía más de una década, Carol había orado que sus hijos salieran adelante después de su repentina y devastadora pérdida. La proximidad del matrimonio de su hija con un joven maravilloso se sentía como una respuesta a esa oración.

Los días previos a la boda fueron una ráfaga de actividad alegre, por lo que Carol con gusto ayudó en todo lo que pudo. La boda se llevaría a cabo en un hermoso centro de retiro junto al lago donde la familia había vacacionado durante años. El lugar tenía recuerdos especiales para toda la familia. De pie a la orilla del agua, uno casi podía escuchar el eco de las risas de tantas temporadas disfrutadas junto al lago. La familia también había vivido allí el duelo. Después de la muerte de Phil, habían esparcido sus cenizas a lo largo de la orilla. Cuando hablé con Carol unos días antes de la boda, ella estaba eufórica. Anticipaba un día lleno de alegría y celebración. Su familia se estaba expandiendo de la mejor manera.

No supe nada de Carol por semanas después de la boda, pero no le di importancia. Las grandes celebraciones resultan agotadoras. Estaba segura de que necesitaba un tiempo de descanso. Cuando volvimos a hablar, me sorprendió. Carol no se había estado relajando. Había estado de duelo. «El día estuvo lleno de muchos recuerdos felices acerca de Phil», me dijo Carol llorando. Su hija había recordado a su padre de maneras hermosas y conmovedoras en su día especial. A través de toda la alegría de la ceremonia y la recepción, sin embargo, se urdió una tristeza que sorprendió a Carol con su poder. Trece años después, sintió la ausencia de Phil de manera palpable, profunda y dolorosa. La hija de Carol caminaba por el pasillo al ritmo de los violines y el duelo cantaba su propia canción tranquila. Mientras los amigos y los familiares se reían y bailaban hasta las altas horas de la noche, el duelo se reclinaba en una mesa en el salón de recepciones. Incluso muchos años después, el duelo seguía siendo el compañero de Carol.

Al acostumbrarnos al duelo como nuestro compañero, lo vemos cambiar. Aunque sigue expresando frustración y enojo de vez en cuando, nos sorprende encontrarlo, a menudo, reflexivo, mesurado, sabio y amoroso. Es posible que el duelo ya no tenga arrebatos en cenas familiares o reuniones de trabajo, pero sigue ahí. Lo sabemos porque aún nos estremecemos cada vez que un amigo o vecino desprevenido hace un comentario. En las celebraciones de cumpleaños y las graduaciones, seguimos anhelando que la silla vacía se llene una vez más. El duelo guarda silencio, pero siempre está presente.

Con el paso de los años, el momento inicial de nuestro dolor más agudo se desvanece en el espejo retrovisor. Es posible que tu familia esté muy lejos de aquella noche, hace mucho tiempo, en la que el capellán llegó a su puerta, en la que el médico te dijo que no había nada más que hacer, cuando diste tu último adiós. Si bien la pérdida sigue siendo tan real y significativa como siempre, el dolor se siente diferente. Algo ha cambiado. El duelo ha madurado.

Después de años en compañía del duelo, es posible que te sientas tentado a pensar que en realidad has completado las famosas cinco etapas del duelo. ¡El duelo *es* lineal después de todo! Se acabó. Luego, tu hija camina hacia el altar, o tu hijo llega a ser padre, o tu mejor amigo pierde a su esposa, y el dolor que aún yace en lo más profundo de tu ser se eleva como un tsunami, inesperadamente poderoso e incapaz de detenerse. Una vez más, te sientes a merced de la fuerza del duelo.

Especialmente durante esas épocas, podemos encontrar consuelo al reconocer al duelo como un compañero. Esa emoción que Dios nos ha dado sigue ayudándonos a darle sentido al amor cuando se pierde. Años después, sigue hablando. De la misma manera que no necesitamos «superar» el miedo para vivir felices, podemos aprender a vivir y adaptarnos a la vida con el duelo. Ninguna relación permanece estática, así que podemos esperar lo mismo de nuestra relación con el duelo. Cuando superamos la necesidad de superar el dolor, somos capaces de recibirlo en la vida como un indicador de algo más grande. En particular, conforme madura el duelo, podemos encontrar sabiduría al escucharlo.

El duelo no solo expresa nuestra desesperación y dolor. También ofrece consuelo, sabiduría y una poderosa conexión con el amor que perdura después de la muerte.

El duelo no solo expresa nuestra desesperación y dolor. También ofrece consuelo, sabiduría y una poderosa conexión con el amor que perdura después de la muerte. Cuando acudimos al duelo y recibimos su sabiduría, invitamos a Dios a que nos hable en los lugares más dolorosos de nuestra vida. Cuando invitamos al duelo a participar en nuestra vida, descubrimos que, en lugar de arrastrarnos hacia abajo, el duelo tiene una fortaleza inherente: la sabiduría adquirida a través del fuego. Por medio del sufrimiento, nos encontramos con Jesús en lo íntimo. De una manera misteriosa, puede haber un regalo incluso en el dolor. Ese compañerismo, el cual alguna vez temimos que nos aplastaría, puede profundizar nuestro amor, fortalecer nuestra creencia e incrustar esperanza en lo más profundo de nuestro ser.

Al madurar, el duelo se vuelve familiar, más llevadero. Se adapta con nosotros. Ya que el duelo y el amor están tan entrelazados, aprendemos a vivir con ambos a la vez. Aprendemos a reconocer y a recibir a otros compañeros: la alegría, la satisfacción, la esperanza y el amor. La presencia del duelo nos recuerda todos los días todo lo que está mal en el mundo. Al hacerlo, el duelo nos señala el camino hacia adelante. No nos lamentamos como quienes no tienen esperanza. Un día, el duelo no solo partirá. Se transformará. El luto se convertirá en baile. Vestiduras de alabanza reemplazarán nuestro cilicio y nuestras cenizas.

OTROS COMPAÑEROS EN EL CAMINO

Después de la muerte de nuestros seres queridos, el duelo se instala en nuestro hogar, pero no es el único compañero que ha hecho su hogar con nosotros. Estamos hechos de muchas partes. Y, a pesar de que el duelo afecta y se infiltra en cada aspecto de la vida, si queremos sobrevivir y prosperar de nuevo, también debemos reconocer, recibir y nutrir esas otras partes: el valor, la consideración, la aventura, la persistencia, el amor.

El misterio del compañerismo del duelo es que su presencia resalta muchas otras partes de la vida, partes a las que habíamos prestado poca atención. Hannah Hurnard describe la comprensión que tuvo Miedosa:

> Parecía como si sus sentidos se hubieran estimulado de una manera extraordinaria, lo cual le permitió disfrutar de cada pequeño detalle de su vida, de modo que, aunque sus compañeras en realidad eran Dolores y Sufrimientos, con frecuencia sentía una alegría y un placer casi inexplicables al mismo tiempo[2].

Los logros, sin duda, son más difíciles de obtener después de una pérdida. La vida está teñida de tristeza. Todas nuestras diferentes partes siempre estarán marcadas por el duelo que nos ha moldeado poderosamente. El duelo tiene cosas importantes que decir alrededor de la mesa, verdades importantes sobre el amor y la vida, y tiene una perspectiva que aportar a la vida. Pero el duelo no es la única voz que nos habla después de la pérdida. En incursiones sorprendentes, la alegría lo hace también. La alegría también viajará con nosotros, a veces incómodamente de la mano con el duelo y otras veces caminando muy por delante de la multitud, liderando el camino. La alegría, así como el duelo, se hará sentir indispensable.

La presencia de la alegría después de la pérdida solo puede describirse como bellamente perturbadora. Su llegada puede ser igual de desestabilizadora y desconcertante. No la esperamos en lo más mínimo. Pero las risas brotan luego, después del funeral. Nuestro nuevo nieto sonríe por primera vez y no podemos evitar devolverle la sonrisa. La vida nos empuja hacia adelante y descubrimos que caminamos de la mano con el duelo *y* la alegría. El uno pone al tanto al otro y lo profundiza.

Al tomar tú la mano del duelo, te invito a darles la bienvenida a todos esos compañeros para que caminen contigo.

Considera la verdad de que el duelo puede ofrecerte una perspectiva única y una puerta de entrada a una vida rica que nunca podrías haberte imaginado. Todas esas partes tuyas son esenciales para una vida abundante ante la pérdida.

El camino con el duelo no es fácil. Su presencia te quebrantará, te moldeará y te refinará como nunca podrías haberte imaginado. Por otro lado, estoy convencida de que el duelo no es un compañero al que debamos temer. El duelo no es solo la forma en que le damos sentido a la muerte de nuestros seres queridos. También es el vehículo por medio del cual expresamos nuestro anhelo de que todas las cosas sean renovadas. Al hacernos amigos del duelo, rechazamos la positividad tóxica, reconocemos todo el peso de la maldición del pecado y fijamos nuestra mirada en Jesús. Para sorpresa nuestra, el duelo puede guiarnos con ternura a través de la oscuridad y hacia la esperanza del evangelio.

PARA REFLEXIÓN

1. Si tuvieras que imaginarte al duelo como una persona, ¿cómo lo describirías?

2. ¿Qué sientes en cuanto al compañerismo del duelo contigo hoy?

3. ¿Cuál es una forma en la que podrías hacer más espacio para el duelo en tu vida?

4. Piensa en las últimas veinticuatro horas. ¿Qué otros compañeros estuvieron contigo a lo largo del día?

5. ¿Dónde crees que Jesús quiere encontrarse contigo al caminar de la mano con el duelo?

SEGUNDA PARTE

HERRAMIENTAS PARA LA SUPERVIVENCIA

CAPÍTULO 4

Huesos adoloridos y noches de insomnio: Las dimensiones físicas de la pérdida

El amor se fue, me dejó, y los días no cambian al pasar;
Debo comer, luego dormiré, ¡ojalá que esa noche llegara!
¡Ah! Acostado, y quedarme despierto, ¡escucho las horas más tranquilas avanzar!
¡Ojalá fuera de día otra vez! ¡Y que pronto anochecieraǃ

EDNA ST. VINCENT MILLAY, «ASHES OF LIFE» (CENIZAS DE LA VIDA)

Cuando regresé a casa, desde el otro lado del país, tras el funeral y los servicios conmemorativos de Rob, un amigo de la iglesia comenzó a coordinar a voluntarios para que trajeran comidas para nuestra familia. La gente de nuestra congregación se turnaba para venir a nuestra casa tres noches a la semana con deliciosas cenas para los niños y para mí. Nunca olvidaré con cuánto cuidado elegían esas comidas. Mis hijos se entusiasmaban con los «tacos en bolsa»: cenas mexicanas en bolsas de Doritos de una sola porción. Devoraban tanto las cajas de fruta del jardín del maestro de la escuela dominical como las golosinas de helado de sus queridos amigos en una calurosa noche de verano. Mis cuatro hijos, en período de crecimiento, engullían cada comida, y yo me sentía agradecida. Yo había perdido toda la energía para cocinar y, muchas veces, apenas podía probar bocado. La muerte de Rob le había asestado un severo golpe a mi sistema digestivo.

Desde los primeros días después de la muerte de Rob, me costó comer con regularidad. Los alimentos que antes no había podido dejar de comer ahora carecían de atractivo. Muchos días, mientras me quedaba mirando el interior del refrigerador, me reprendía por dentro: «Tienes que comer *algo*». Veía mi vida reflejada en las pilas de recipientes de Tupperware con residuos de comida: una vida que había sido deliciosamente satisfactoria y ahora era tan solo sobras. El duelo me susurró: «*Tú* eres lo que sobró». Aunque había sabido por muchos años que el cerebro y los intestinos están estrechamente conectados, no fue sino hasta ahora que lo experimenté en una nueva medida con el duelo sentado a mi lado en la mesa.

El duelo nos revela, a veces por primera vez, que las emociones y el cuerpo están entrelazados. Experimentamos la pérdida en el estómago, en los músculos y en el cerebro. No es extraño que te sorprenda lo mucho que el duelo afecta tu cuerpo después de la muerte de uno de tus seres queridos. Es probable que al principio sientas que apenas logras aferrarte a la salud y a la cordura. Puede que a veces te sientas tan agotado que también temas morir.

Es habitual que las personas experimenten trastornos físicos después de perder a un ser querido. A menudo no hablamos de ello porque la intimidad que supone hablar del cuerpo nos avergüenza, o nos preocupa que la pérdida engendre otra pérdida. Es posible que hayamos oído hablar de personas que «mueren de un corazón roto» y tememos que nos llegue a ocurrir lo mismo. Al emprender ese camino con el duelo como nuestro compañero, sin embargo, tenemos que entender cómo la presencia del duelo nos afecta y cómo podemos adaptarnos a su compañía. Podemos aprender a sentarnos con el dolor que habita en nuestro cuerpo, proporcionarnos a nosotros mismos el cuidado que necesitamos en ese momento crítico y encontrarnos con Jesús de nuevas maneras, a través de nuestro sufrimiento.

TODAS LAS FORMAS EN LAS QUE ME DEJASTE

Cuando muere uno de tus seres queridos, pierdes su presencia en cada uno de sus momentos compartidos. ¿Te reunías con tu hijo para desayunar todos los viernes por la mañana antes de ir al trabajo? Tu estómago lo echa de menos cuando comes solo en la cafetería. ¿Te frotaba tu madre la espalda cuando estabas enfermo? Tus hombros y tus músculos la recuerdan cuando te enfermas y ella no está. ¿Te metías en la cama debajo de las sábanas cada noche al lado de tu cónyuge? Todo tu cuerpo lo anhela: sus caricias, su calor, su fuerza.

En el duelo agudo inicial, descubrimos la multitud de formas en las que la muerte nos ha separado en lo físico de nuestro ser querido. Ya no está la persona que preparaba las comidas, la que nos acompañaba en la cena, a la que dábamos cuenta de la dieta. El lado de la cama donde solía acostarse tu pareja sexual se enfría por la noche. Incluso antes de que hayas comprendido por completo la pérdida radical de tu ser querido, tu cuerpo sabe que él o ella se ha ido.

El duelo invade todos los espacios físicos. Después de la

muerte de un ser querido, es común experimentar cambios en el apetito, el sueño, la energía y la aptitud mental. Es probable que descubras que tu apetito voraz ha menguado, lo cual te obliga o a empujar la comida alrededor de tu plato a la hora de comer o a acudir a la comida para sentirte reconfortado. Los problemas digestivos como las náuseas, el síndrome del intestino irritable o el estreñimiento reflejan el estrés del cuerpo al procesar la pérdida. Cada célula de tu cuerpo pide atención a gritos.

> *El duelo invade todos los espacios físicos. Después de la muerte de un ser querido, es común experimentar cambios en el apetito, el sueño, la energía y la aptitud mental.*

Es frecuente que las personas que están en duelo se quejen de dolores musculares y tensión, incluso de dolores imprecisos y confusos. Es posible que, debido al estrés o a los cambios químicos, experimentes tanto debilidad del sistema inmunitario o presión arterial más alta de lo normal como un bajo deseo sexual conforme te adaptas a la ausencia de tu ser querido. Si tu ser querido te acompañaba en las visitas al médico para apoyarte, o si contabas con que te escuchaba o te ofrecía comentarios para procesar los síntomas de tu salud, esos cambios corporales pueden resultar aún más aterradores y abrumadores.

SIGUE ADELANTE, SUELTA, DALE LUGAR A DIOS

Cuando comencé a entrenar para el Maratón de Chicago en la primavera del 2010, descubrí, para sorpresa mía, que el programa de entrenamiento no implicaba correr todos los días. Por el contrario, correr comprendía de tres a cuatro días a la semana y el entrenamiento de fuerza ocupaba los días alternos. Este ritmo me desconcertó. ¿No me volvería más fuerte de forma natural si corría todos los días? ¿No era la resistencia de larga distancia el objetivo? No me daba cuenta de que mi éxito el día de la carrera dependía de la preparación integral para el desafío. Si quería atravesar la meta, cada parte de mí tendría que estar en condiciones óptimas. Y estar preparada no significaba solo músculos prominentes y un aspecto sudoroso. Lo más sorprendente de todo es que se suponía que un día a la semana debía no hacer nada. El descanso era esencial.

Si se trata de actuar como si la vida no hubiera cambiado, seguir adelante a pesar del duelo no es saludable. Al aceptar al duelo como tu compañero, querrás evitar tanto comportamientos nocivos para tu salud como extralimitarte demasiado. Dicho eso, muchas investigaciones demuestran que enfrentar las partes difíciles de la pérdida aumenta la resistencia. Tu cuerpo necesita tanto el descanso como la motivación para avanzar hacia una vida nueva. Aprender a equilibrar esas dos necesidades en el trayecto con el duelo resulta clave para la resiliencia. Ambos tipos de atención pueden ser terapéuticos. Tu caminar con el duelo será una delicada danza en la que te inclinarás hacia las partes difíciles de tu vida nueva y te dejarás llevar por el descanso, la reparación y la renovación.

No existe una fórmula mágica que te ayude a saber cuándo te estás esforzando demasiado en el duelo y cuándo retroceder. Una autoevaluación sincera te revelará gran parte de lo que necesitas. A medida que tu cuerpo se adapta a la pérdida de tu ser querido, descubrirás pronto tus límites físicos. Correr por la tarde en el vecindario, algo que solía ser una actividad estimulante, ahora te agota. Una rica cena de pasta, algo que solía despertar tu apetito, ahora te manda al baño con fuertes dolores estomacales. Tu cuerpo siempre te envía señales y debes aprender a prestarles atención.

Al toparte con esos cambios físicos, es posible que te des cuenta de que algunas personas no entienden tus necesidades. Se sienten ofendidas porque te niegas a salir a cenar. Te insisten que te sirvas por segunda vez en una comida. No entienden tu agotamiento o les frustra tu confusión mental. Como si la tarea de procesar el duelo no fuera lo suficientemente difícil, también te ves obligado a lidiar con esas relaciones. Pero también descubrirás la misericordia de quienes pueden honrar tus necesidades físicas. Como puedas, comparte tus limitaciones con esas personas y apóyate en ellas para recibir la ayuda que necesitas. Define límites saludables con las personas que no pueden ofrecerte el espacio que necesitas para dejar que tu cuerpo se adapte a lo que está soportando. Sobre todo, consulta a tu médico si tienes preocupaciones específicas en cuanto a tu salud.

Si pudiéramos restaurarnos por cuenta propia, no necesitarías más consejos. Pero claro que ese no es el caso. Puedes hacer todos los esfuerzos «correctos» a favor de tu cuerpo y aun así batallar con él. Por mucho que intentes evitarlos, el poder del duelo aún puede causarte estragos. Gracias a Dios que no nos quedamos a solas en ese cuerpo quebrantado, con el corazón quebrantado. Jesús se presenta en nuestro dolor y ofrece el descanso y la reparación que nos nutren y nos fortalecen para el duro trabajo físico de cuidar a nuestro cuerpo afligido. Cuando suples tus necesidades físicas, Jesús te atiende también.

Es frecuente que durante el duelo se nos diga que nos concentremos en lo básico: comer, dormir y ejercitarnos. Al escribir esas tres palabras, pienso en cuán desalentadoras me parecían en las primeras semanas y meses después de la muerte de Rob. Así que, para evitar el desaliento, vamos a adecuarlas, ¿de acuerdo? En los primeros días del duelo, *nútrete*, *descansa* y *muévete*. Di esas palabras en voz alta ahora mismo, respira hondo y luego exhala poco a poco. *Nútrete. Descansa. Muévete.* ¿Te parece más fácil y manejable? Espero que sí. Hablemos un poco más al respecto.

NÚTRETE

Después de la muerte de Rob, una conocida me vio con un atuendo nuevo y exclamó: «¡Vaya, *se ve* genial!». No creo que se haya dado cuenta de que mi pérdida de peso se debía no al esfuerzo, sino al estrés. Con el duelo, ya nada sabía igual. Las comidas familiares me recordaban a Rob, y la hora de sentarnos a comer era dolorosa al ver la silla de él vacía junto a la mesa. Mi nueva vida exigía una nueva relación con la comida. Tenía que cambiar mis expectativas. Fue entonces que «nútrete» se convirtió en mi punto de referencia. Si el camino por delante iba a ser largo y difícil, era hora de nutrir con ternura a mi cuerpo lastimado.

Las investigaciones nos dicen que el estrés que acompaña al duelo puede deprimir el sistema inmunológico y agitar el sistema digestivo. Con toda esa tensión, la nutrición resulta vital. Si has batallado con tener apetito desde que murió un ser querido, no pasa nada. Puedes ajustar tus viejos hábitos para hacerle espacio al duelo.

Sigue adelante

Atiende a tu cuerpo con delicadeza, el cual se encuentra en duelo agudo, al concentrarte en nutrirlo con alimentos que favorezcan una digestión saludable, una buena salud mental y un sistema inmunológico fuerte. El viejo adagio de mamá de comer frutas y verduras ayuda. Muchas personas en duelo aprecian las comidas con entrega a domicilio después de la muerte de su ser querido. Si ese es tu caso, pide alimentos frescos cuando te ofrezcan dar a conocer tus preferencias o peticiones alimentarias. Evita los dulces y los carbohidratos complejos que producen un impulso calórico, pero te dejan deprimido después. El duelo ya es lo suficientemente difícil sin la montaña rusa de un pico de azúcar.

Suelta

Si ver la comida te revuelve el estómago, toma un multivitamínico o prueba un batido de proteínas para obtener un poco más de nutrición. Olvídate de tus expectativas en cuanto a la pirámide alimenticia o en cuanto a comer todo lo que tienes en tu plato. Come lo que puedas cuando puedas. Asimismo, es correcto que rechaces ofrecimientos de comida. Las comidas suelen desencadenar recuerdos difíciles, en especial en los primeros días de la pérdida. Si no estás preparado para aceptarlas, invita a tus amigos a traerte mejor cenas congeladas o tarjetas de regalo para restaurantes. Cuando estés listo, tendrás su apoyo tangible a la espera de llenar tu estómago con amor.

Dale lugar a Dios

Al tomar pequeños bocados de una cena que ha perdido su sabor, invita a Jesús a la mesa. Pídele que parta delante de ti el

Melissa reflexiona en qué siente ante la pérdida de su amiga a causa del cáncer:

¿Cómo siento la tristeza en mi cuerpo? Al principio, como cuando un avión entra en una turbulencia y ya no puedo luchar contra el pánico. Ahora ya me siento demasiado inmersa en el duelo. He dejado de recordar la sensación de buenas noticias al otro lado de las llamadas telefónicas inesperadas. Me siento insensibilizada a cualquier apariencia de estar emocionada por los días que vendrán.

Estoy de pie en la playa, bajo un aguacero que ciega mis ojos. Entonces, me siento obligada a quitarme las gafas que empañan aún más mi visión porque están cubiertas de agua. Es difícil respirar cuando el viento sopla y la oscuridad lleva tiempo allí. Pero aún no llega el punto crítico que promete la mañana. Bien podría entrar y tratar de secarme. Fingir que este diluvio no está ocurriendo. Calentarme hasta quedarme sin leña para la chimenea. Después de que se quemara, sin embargo, yo tendría que salir para conseguir más. Tendría que enfrentarme de nuevo a esta cruda realidad.

Solo quiero volver a hablar con ella. Le diría ahora lo que no le dije antes: que he tenido miedo todo este tiempo.

pan y el vino de la vida nueva. Pídele que te nutra con su presencia, que te dé ojos para ver que él te acompaña. Si tu mesa ahora incluye una silla vacía, imagínate que Jesús llena ese asiento. Si la hora de la comida resulta especialmente tranquila ahora, conversa en voz alta con Jesús al comer. Saborea su promesa: «Si alguno oye mi voz y abre la puerta, entraré a él y cenaré con él, y él conmigo»[1].

DESCANSA

Es posible que, desde que murió tu ser querido, sientas que el mundo ha dejado de girar. Parece que el tiempo se ha detenido o, al menos, que avanza en cámara lenta. Los días se entremezclan. Cuando intentas retomar tu ritmo de vida anterior en el trabajo o incluso solo en el supermercado, pronto te sientes abrumado. El duelo requiere un ritmo más desacelerado. No puedes soportar el mundo exterior. Simplemente te sientes *muy cansado*.

Los cambios de energía marcan la llegada del duelo y te alertan de que tu cuerpo necesita cuidados. El Dr. George Bonanno del Laboratorio de Pérdida, Trauma y Emoción de la Universidad de Columbia, escribe: «La tristeza ralentiza nuestro sistema biológico para que podamos retroceder. La tristeza nos frena y, al hacerlo, parece que desacelera el mundo»[2]. ¡Qué maravilla que Dios use hasta esa función biológica para ayudarnos a cuidar de nosotros mismos en el sufrimiento!

La tristeza, entonces, no es algo malo. De hecho, según Bonanno, la tristeza funciona de maneras que son esenciales para nuestra adaptación física después de una pérdida[3]. El agotamiento es una respuesta natural que nos ayuda a sobrellevar esa situación. Nuestra digestión se desacelera. Nuestro ritmo cardíaco se desacelera. Nos cansamos con más facilidad. Con el trabajo duro del cerebro, el cuerpo anhela descansar. Después de perder a un ser querido, es posible que descubras que necesitas más que las ocho horas de sueño habituales.

Muchas personas que están en duelo experimentan lentitud, lo cual a veces describen como una niebla. Es posible que te sientas inquieto o cansado incluso sin haber hecho mucho esfuerzo. Tal vez no recuerdes dónde dejaste las llaves o si apagaste el horno antes de salir de casa. Recuerdo que, una mañana, conduciendo para llevar a mis hijos a la escuela, me sentí perdida en una intersección conocida. Mi cerebro estaba tan ocupado en procesar la pérdida que incluso nuestra ruta regular parecía nueva y diferente. Al tratar de pensar con esfuerzo si ir a la izquierda o a la derecha, me sentí agotada.

Sigue adelante

Ya sea que estés más cansado de lo habitual o que te cueste adaptarte, trata de mantener una rutina de sueño y vigilia. Acuéstate a tiempo, incluso si no te quedas dormido. Ten una alarma para la mañana. Practica la visualización y la relajación como formas de calmarte antes de acostarte. La meditación, la oración centrante y la oración de respiración pueden darle a tu cuerpo indicaciones fisiológicas para relajación, lo cual alerta a tu cuerpo de su necesidad de descansar. Siéntete libre de ser creativo.

Suelta

A excepción de una intervención médica, no puedes obligar a tu cuerpo a dormir, incluso cuando estés agotado. Por eso es que te animo a darle prioridad al *descanso* por encima del *sueño*. El descanso es una función biológica esencial. Al liberar la presión de obtener ocho horas completas y concentrarse mejor en el descanso, colocas a tu cuerpo en la dirección correcta.

Si bien la somnolencia excesiva y el insomnio son comunes en las primeras etapas del duelo, es posible que te sorprendas de que, después de un día de llorar mucho, parece que no logras dormir. Puede ser que tu mente esté en una niebla o que vayas a 150 kilómetros por hora, pero el sueño se convierte en una mercancía casi imposible de encontrar. Las pesadillas pueden provocar un sueño inquieto y perturbador. A veces es difícil dormir incluso con una luz encendida.

Si las pesadillas te atormentan, determina un mecanismo de supervivencia que te ayude a superar las noches difíciles. Pídele a un amigo que sea tu persona de confianza para llamarlo o enviarle un mensaje de texto a altas horas de la noche. Enciende una luz y descansa o escucha música. Recuerda que el objetivo es salir adelante. El objetivo es que descanses. No tiene por qué ser agradable. Si dormir en las mismas sábanas en las que dormías con tu pareja te ayuda a dormir un poco, hazlo. Duerme en tu sillón reclinable si te permite cerrar los ojos con más facilidad. Si necesitas comprar un edredón nuevo o almohadas nuevas, sugiéreselo a la persona que te pregunte: «¿Cómo puedo ayudarte?». Guarda la ropa de cama usada en el armario (es posible que la quieras más adelante) y acuéstate con la ropa de cama que no te traiga recuerdos difíciles. Puede que tus necesidades cambien (y es probable que lo hagan) según te acompaña el duelo por más tiempo, pero, en esos primeros días, está bien que las cosas se sientan provisionales.

Tal vez conciliar el sueño o permanecer dormido no sea tu problema. Tal vez sea todo lo contario. Si te sientes más cansado de lo habitual, hazle caso a tu cuerpo y duerme. El sueño nos restaura, mejora nuestro funcionamiento inmunológico, regula nuestras hormonas y realiza una serie de otras funciones positivas. Si tu cuerpo te está pidiendo a gritos un descanso, intenta, lo más que puedas, darle lo que necesita. Las interrupciones en los patrones de sueño pueden ser una parte normal del duelo, pero asegúrate de hablar con tu médico si tienes inquietudes.

Dale lugar a Dios

Al ver que el día llega a su fin, invita a Jesús a descansar contigo. Pídele que te abrace con su tierna fuerza mientras cierras los ojos. Si te resulta difícil desacelerar, usa imágenes de las Escrituras que te ayuden a imaginar el cuidado de Dios por ti. Imagina que eres un bebé satisfecho, descansando en los brazos de su madre (Salmo 131:2) o un polluelo acurrucado, cálido y seguro bajo las alas de su madre (Deuteronomio 32:11). Si te resulta difícil apagar la luz, deja una luz nocturna encendida como recordatorio de que aquel que te cuida nunca duerme (Salmo 121:3-4). Puedes cerrar los ojos con confianza porque Dios se preocupa por ti, incluso mientras duermes.

MUÉVETE

Unos días después de la muerte de Rob, mi amiga me animó a dar un paseo por su vecindario. Los niños y yo nos habíamos encerrado en su casa esa noche terrible y, desde entonces, en realidad no habíamos salido. Los cinco nos pusimos los zapatos y salimos a dar una vuelta a la manzana.

Recuerdo que subí la colina hasta su buzón y que tuve que detenerme a mitad del camino para descansar. Aunque el sol brillaba con calidez sobre mi rostro, mis pies se sentían como de plomo. Llegar al buzón sería una hazaña de proporciones gigantescas. Mis pulmones se encogieron con fuerza y se me hicieron pequeños en el pecho. Me sentía como si me hubiera pisoteado una manada de bisontes. El duelo me dolía en cada parte del cuerpo, pero algo de ese corto paseo despertó a mi cuerpo de nuevo. Respiré hondo en el aire fresco y sentí la cálida extensión del cielo sobre mí. Cuando parecía que todo se cerraba, la naturaleza me ofreció espacio. Me comprometí a dar un paseo diario después de esa experiencia. En aquella vida que se sentía congelada en el desastre, descubrí que el movimiento me ayudaba.

Conocemos todos los beneficios del ejercicio frecuente: regulación emocional, equilibrio hormonal, salud cardiovascular y alivio del estrés. El movimiento en el duelo tiene dos propósitos. En primer lugar, se ocupa de esas mismas necesidades físicas. Para soportar ese difícil camino, es necesario que estemos sanos. Y su segundo propósito me ha parecido igual de vital. El movimiento puede lograr que la vida se sienta menos destruida.

No sé si fue la liberación de endorfinas o la metáfora del movimiento, pero mis caminatas diarias se convirtieron en un compromiso alegre con mi salud general en medio del duelo. Cuando consideraba lo que rodeaba mi vida, me sentía atrapada en circunstancias que nunca quise. Al caminar, sin embargo, me sentía liberada. No podía alejarme del duelo. Él caminaba a mi lado día tras día mientras yo lloraba y lloraba. En un mundo en el que parecía que ya casi nada estaba bajo mi control, descubrí que todavía podía poner un pie delante del otro. No era un paso rápido, sino deliberado. No me llevaba muy lejos, pero sí lo hacía con determinación. Cuando caminaba, volvía a sentirme libre.

Al salir de casa, me volvía más atenta al mundo que me

rodeaba. Tenía que moverme poco a poco porque pronto me cansaba. También me detenía para ver a las ardillas perseguirse las unas a las otras por los árboles. Me quedaba asombrada ante las águilas calvas que volaban en círculos sobre el lago del vecindario. Contrariamente a todos los impulsos que sentía, el mundo seguía palpitando con una vida vibrante. No *todo* había muerto. El movimiento de la naturaleza me ofreció una conexión con una historia más amplia que la mía. Me sacó de los estrechos confines de mi tristeza y me abrió los ojos de nuevo a una vida que continuaba con persistencia, a un ciclo de muerte y resurrección que estaba escrito en toda la creación, desde las hojas secas bajo mis pies hasta las frescas puntas verdes de los cedros a lo largo del camino.

Sigue adelante

Si el movimiento en medio del duelo te parece desafiante, comienza poco a poco y con algo de bajo impacto. Estírate por la mañana cuando te despiertes e invita a tu cuerpo a moverse a un ritmo lento. El estiramiento alivia la tensión, alarga los músculos y aumenta el flujo sanguíneo en el cuerpo. Si puedes, pasa tu tiempo de movimiento al aire libre. La luz del sol te ayudará a mantener ritmos circadianos saludables y favorecerá sutilmente tu sueño y vigilia. Además, podrás practicar la respiración profunda al aire libre, lo cual es otro movimiento de bajo impacto. Quita las malas hierbas del jardín y camina para recoger el correo, no por realizar la tarea en sí, sino como un acto de cuidado amoroso para tu cuerpo adolorido. Comienza con cinco minutos y aumenta a diez, a veinte o a treinta según puedas. Si el movimiento te ofrece una conexión reconfortante con el recuerdo de tu ser querido, haz algo que los dos hayan disfrutado hacer juntos.

Suelta

Al moverte con el duelo a tu lado, es posible que la actividad física estimule tus recuerdos o emociones. Eso es natural y puede ofrecer una liberación saludable. Tómate tu tiempo para enfrentar esas emociones, y dales espacio al moverte. Si el moverte entristece tu corazón, desacelera tu cuerpo, vuelve a los estiramientos de bajo impacto y descansa más si lo necesitas.

Dale lugar a Dios

Cuando salgas a dar un corto paseo ya sea para recoger el correo o para dar la vuelta en la cuadra, invita a Jesús a que te acompañe en tu movimiento con el duelo. Pídele que te revele su belleza en el mundo que te rodea y que anime a tu cuerpo para el duro viaje de vivir sin la persona que amas. La Biblia nos dice que en Dios «vivimos, nos *movemos* y existimos»[4]. Cada movimiento de tus músculos es un regalo del Espíritu. Dale un simple «gracias» al sentir que tu cuerpo se estira y tus músculos se flexionan. Dios te está empoderando para caminar con el duelo.

CUANDO LA VIDA SE PONE MÁS DIFÍCIL

Por mucho que lo intentemos, puede ser que nutrirnos, descansar y movernos no sea suficiente. El duelo puede ser un compañero agotador y, además, el camino de la tristeza es arduo. Ya que los cambios en la salud física y la salud mental son comunes después de la pérdida de un ser querido, resulta aconsejable que reconozcas cuándo necesitas más ayuda de la que puedes proporcionarte a ti mismo.

Cuando me quedé sola como madre, me surgieron nuevos problemas de salud. Me preocupaba por la salud de mi corazón o la posibilidad de desarrollar un cáncer. Temía las punzadas y los dolores. La ansiedad por posibles enfermedades, con la que había lidiado durante años de forma natural, me amenazaba con nuevas preocupaciones que me costaba enfrentar por mi cuenta. Me puse en contacto con un consejero de salud mental acreditado especializado en apoyo para el duelo, pero el solo hecho de pensar en ir al médico a hablar sobre mis preocupaciones en cuanto a dolencias físicas me asustaba demasiado. Cuando en el pasado había enfrentado problemas médicos, Rob siempre me había acompañado.

Mi doctora de cabecera estaba con permiso de maternidad, así que, cuando por fin me armé de valor para consultar a otra doctora, no pude evitar ponerme nerviosa. No conocía a la profesional que iba a ver. Aunque ella podía conocer mi historia por mis registros, yo no sabía cómo respondería ella una vez que estuviéramos juntas en el consultorio. Temía lo que pasaría en la consulta y casi cancelé un par de veces debido al miedo[5].

Cuando la doctora entró, sus ojos se encontraron con los míos y se le llenaron de lágrimas. «Apenas puedo mirarla a los ojos —me dijo—. No puedo imaginar por lo que ha pasado». De repente, supe que estaba en un espacio seguro. Ella no solo me brindaría una buena atención médica. Cuidaría también de mi alma. Pude oír la ternura en su voz. Pude verla en sus ojos llenos de lágrimas.

Conversamos durante los siguientes treinta minutos. Ella

evaluó mis síntomas, normalizó mis preocupaciones y elogió mi valentía por el simple hecho de presentarme. «Es frecuente que, después de que las personas pierden a sus seres queridos, eviten acudir al médico —me dijo—. Me alegro mucho de que haya venido». Yo sinceramente podía decir que también estaba contenta.

Una de las formas en las que puedes amarte a ti mismo y seguir amando a un ser querido es cuidándote: al programar la cita, al presentarte para el examen, al sentarte en la mesa de esa fría sala de exploración cuando preferirías salir huyendo.

Acudir al médico después de la muerte de un ser querido puede ser increíblemente difícil, ya sea porque tienes que revivir las imágenes, los olores y los sonidos médicos o porque simplemente tienes miedo de recibir más malas noticias. Aunque ser vulnerable en esa pequeña sala de exploración puede resultar abrumador, una de las formas en las que puedes amarte a ti mismo y seguir amando a un ser querido es cuidándote: al programar la cita, al presentarte para el examen, al sentarte en la mesa de esa fría sala de exploración cuando preferirías salir huyendo. En lugar de evitar al médico, puedes buscar a uno que trate tu historia con delicadeza, que honre el dolor de tu corazón incluso al trabajar para sanar el de tu cuerpo. Puede que hagan falta un par de intentos para encontrar a la persona apropiada, pero esas personas existen.

TU CUERPO TIENE MEMORIA

Cuando perdemos a un ser querido, lo perdemos de muchas maneras, pero puede que la más incómoda de abordar sea la dimensión física íntima de la pérdida. Cuando una viuda dice: «Hecho de menos que me abrace», nos sentimos incómodos. Cuando un viudo lamenta su pérdida de intimidad en el dormitorio, nos estremecemos un poco. Creemos que los «buenos cristianos» no deberían ni hablar de esas cosas ni sentirlas.

Si has perdido a tu esposo o a tu esposa, sin embargo, has perdido su cuerpo. Una madre echa de menos el peso de su hijo en sus brazos. Un amigo extraña un abrazo. Cuando un hombre pierde a su esposa, la pierde toda, desde lo terrenal hasta lo sagrado y lo íntimo. Cuando una mujer pierde a su esposo, lo pierde en la mesa de la cocina y en su lecho matrimonial. Somos cuerpos que aman, adoran y se duelen.

Mi matrimonio con Rob estaba muy compenetrado en todas las áreas. Cuando murió, perdí no solo su personalidad o su intelecto, su compañía o su ingenio, sino también su carne y sus huesos: el calor, el pulso, el olor y el roce de su piel. Perdí sus manos alrededor de mi cintura mientras yo lavaba los platos en el fregadero. Su cuerpo cálido contra el mío bajo las colchas por la noche. Su cabello, sus hombros, su sudor, su fuerza y el millón de intimidades físicas que comparten quienes se llaman amados el uno al otro en la sagrada unión de su vida de ser una sola carne. Perder a Rob ha sido estar físicamente sola de la manera más profunda y desgarradora que conozco. Durante casi veinte años, conocí mi cuerpo en relación con el suyo.

Cuando pienso en las muchas formas en que perderé a Rob en la memoria, temo olvidar la sensación de su cuerpo. Nunca quiero olvidar lo que sentía al tener su cuerpo cerca del mío. Tres años después, miro fotos de él y me cuesta evocar esos recuerdos físicos. Miro sus ojos y las líneas de sonrisa que los rodean. Recuerdo lo que sentía cuando él me miraba. Miro sus hombros y pienso en lo que sentía al apoyarme en ellos. Miro sus manos y recuerdo todo lo que sostenían: su amada hacha que compró por el placer del trabajo duro; nuestros bebés recién nacidos, recién salidos del vientre materno; mis manos, frías en un día de invierno. Quiero asegurarme de que la presencia de Rob esté grabada para siempre en la memoria de mi cuerpo. Tengo miedo de que el conocimiento físico se desvanezca.

Cuando me comunico con cónyuges que están en duelo, una y otra vez escucho esa como una de sus preocupaciones físicas más importantes. *Temo que olvidaré a qué se sentía su cuerpo.* Si este es tu caso, puede serte de consuelo el saber que la ciencia nos demuestra con claridad que, mucho después de que alguien se ha ido o de que ha pasado un evento, el cuerpo puede recordar y hasta sentir los detalles. Ese recuerdo a veces es doloroso; otras, es un regalo.

La capacidad de memoria de mi cuerpo me sorprendió después de que me quité los anillos de boda para siempre. Cuando decidí quitarme las argollas por primera vez, la falta de ellas casi se sentía imperdonable. Pensé que desaparecería con el tiempo. Incluso tres años después de dejar de usar los anillos, sin embargo, todavía siento una sensación extraña en mi dedo anular izquierdo, donde mis argollas permanecieron durante casi dos décadas. Suelo usar un anillo diferente para satisfacer esa necesidad sensorial. Mi cuerpo todavía sabe que le falta algo. A veces me froto loción en las manos porque la sensación es muy visceral. Mis manos tienen memoria de cuando estaba casada. Mi cuerpo sabe que ahora soy viuda.

Si tu relación con tu cónyuge u otro ser querido fue abusiva o dolorosa, ese recuerdo puede dolerte en lo profundo. Los recuerdos espontáneos y no deseados pueden llevarte de vuelta al contacto físico que te violentó o te lastimó. Ya que el duelo tiene una forma dolorosa de evocar nuestros viejos fantasmas, cuando gestiones todas las demás dimensiones físicas de tu pérdida, también tendrás que enfrentarte a eso. Si ese tipo de herida es parte de tu historia, te animo a que busques un consejero de duelo de confianza, alguien que pueda acompañarte en el procesamiento de esa parte compleja de tu pérdida. No es necesario que te enfrentes solo a ese recuerdo difícil.

CONOCIDO EN LA MESA

En el camino a Emaús, dos amigos se encontraron con un hombre que personificaba la pérdida. Sus manos llenas de cicatrices hablaban en silencio de sufrimiento. La herida en su costado, oculta bajo su manto, hacía recordar dolor y tristeza profundos. Cada célula del cuerpo de este hombre llevaba la huella del dolor que había soportado.

Al caminar juntos, los dos amigos le presentaron a este hombre a su compañero invisible: el duelo. Su maestro, Jesús, había muerto y los había dejado confundidos, afligidos, frustrados. «Nosotros abrigábamos la esperanza de que era él —se lamentaban— quien redimiría a Israel»[6]. Se puede oír su decepción, el abandono que resuena en sus palabras.

Cuando el cielo de occidente se tiñó de rosa y púrpura y comenzó a anochecer, los dos amigos invitaron a ese compañero de viaje a entrar para comer algo. Él cortésmente se negó. Ellos insistieron: «Quédate con nosotros que está atardeciendo; pronto será de noche»[7]. Finalmente, aceptó.

Esa noche, mientras se partía el pan y se servía el vino, los dos amigos quedaron atónitos y perturbados. Reconocieron las manos que partían el pan. Recordaron su calidez, su dulzura, su fuerza curativa. Y también reconocieron los ojos que los miraban desde el otro lado de la mesa. ¿Quién podría olvidarlos?

Al cuidar de nuestro cuerpo que está en duelo, descubrimos que podemos llevar mejor la carga de nuestro dolor. Nos nutrimos, descansamos y nos movemos. Y cada una de esas simples decisiones de cuidar nuestro cuerpo físico tiene un efecto multiplicador de maneras que ayudan a la totalidad de nuestro ser a adaptarse a una nueva vida después de una pérdida.

El duelo a veces es un compañero exigente, y el primer lugar donde lo enfrentamos es en nuestro cuerpo. Al aprender a sobrevivir a los estragos físicos de la llegada del duelo a la vida, pasamos de «aguantar a duras penas» a aprender nuevas habilidades para sobrellevarlo, al igual que una madre primeriza aprende a amamantar a su bebé con su plato de comida apoyado en la espalda del bebé. Al cuidar de nuestro cuerpo que está en duelo, descubrimos que podemos llevar mejor la carga de nuestro dolor. Nos nutrimos, descansamos y nos movemos. Y cada una de esas simples decisiones de cuidar nuestro cuerpo físico tiene un efecto multiplicador de maneras que ayudan a la totalidad de nuestro ser a adaptarse a una nueva vida después de una pérdida.

Con todo, el cuidado de nuestro cuerpo físico no consiste solo en que un jardinero mantenga sus lechos de flores. Cuando nos encontramos con el duelo en nuestro cuerpo, Jesús nos invita a encontrarnos con él también. Al igual que los dos amigos que iban camino a Emaús, es posible que a ti te cueste encontrar a Jesús al caminar con el duelo. El dolor de tu pérdida puede gritar tan fuerte que apenas reconoces la voz de Jesús por el camino.

Ya sea que puedas verlo o no en ese momento de dolor, Jesús camina a tu lado y al lado de tu duelo, y él anhela encontrarse contigo en los lugares más físicos de tu pérdida, incluso en la mesa del comedor. La presencia de Jesús en nuestro camino de dolor no es solo un consuelo cerebral o emocional. También es físico. Jesús te acompaña en los desafíos cotidianos a los que te enfrentas en época de dolor. Sus manos llenas de cicatrices te recuerdan que él conoce las cargas físicas del sufrimiento. Su compañía te promete fortaleza mientras enfrentas los desafíos del duelo y reconstruyes tu vida después de una pérdida.

PARA REFLEXIÓN

1. Siéntate en silencio en una silla y cierra los ojos. Examina tu cuerpo poco a poco, comenzando desde los dedos de los pies y avanzando hasta la parte superior de la cabeza. Observa qué siente tu cuerpo en cada área. ¿Dónde sientes la presencia del duelo?

2. ¿Te has sentido presionado a superar tu duelo y seguir adelante? ¿Qué tipo de daño le ocasiona a tu cuerpo tal presión? ¿Qué partes de tu vida cotidiana necesitan cambiar para que tengas espacio para cuidar de tu cuerpo?

3. ¿Qué tanto ha cambiado tu alimentación desde que murió tu ser querido?

4. En el duelo agudo, necesitamos tanto del descanso como del movimiento. ¿Cómo puedes añadir ambos ritmos a tu agenda diaria?

5. ¿Has aprovechado el apoyo comunitario para el duelo, como grupos de apoyo o asesoramiento? Si no es así, ¿qué te detiene? ¿Cómo podrían esos recursos ofrecerte nuevas herramientas para afrontar el duelo?

CAPÍTULO 5

Abriéndonos camino por el bosque: Cómo gestionar las dimensiones prácticas de la pérdida

Cuando alguien a quien amas muere inesperadamente, no lo pierdes de una vez; lo pierdes por partes durante mucho tiempo: el correo deja de llegar, y su olor se desvanece de las almohadas e incluso de la ropa de su armario y gavetas. Poco a poco, acumulas las partes que se han ido de esa persona. Justo cuando llega el día, cuando hay una parte en particular faltante que te abruma con la sensación de que se ha ido para siempre, llega otro día y otra parte en particular que falta.

JOHN IRVING, A PRAYER FOR OWEN MEANY (ORACIÓN POR OWEN MEANY)

Una de mis escenas favoritas de todos los tiempos de *I Love Lucy* (*Yo amo a Lucy*) muestra a Lucy y Ethel envolviendo dulces en la línea de montaje de una fábrica de chocolate. Cuando la cinta transportadora se pone en marcha, las dos mujeres sonríen ante su éxito inicial.

—¡Esto es fácil! —comenta Lucy—.

—Sí, podemos lidiar bien con esto — agrega Ethel—.

Pero no pueden deleitarse con su éxito por mucho tiempo porque la cinta se acelera.

Al salir más y más chocolates, las mujeres se ponen nerviosas.

—Creo que estamos luchando por una causa perdida —dice Lucy mientras comienza a meterse chocolates en la boca.

Tiene razón. Las mujeres pronto se ven inundadas. Tiran chocolates frenéticamente en sus gorros y se los meten en los vestidos y en la boca para tratar de ocultar la evidencia. La situación se ha salido de control de una manera terrible. No pueden con el ritmo.

Después de la llegada de la muerte, nuestra vida puede paralizarse, pero parece que el mundo a nuestro alrededor se acelera. Es posible que queramos quedarnos en la cama todo el día, pero hay facturas pendientes que pagar y comidas por preparar. Hay que empacar y guardar la vida de una persona. Hay finanzas, vacaciones y tareas que atender. Las responsabilidades fluyen por la cinta transportadora de la vida una tras otra. Al principio del duelo, luchamos por mantenernos al día.

La vida después de la pérdida implica muchos cambios radicales, en especial para quienes han perdido a alguien dentro de su entorno inmediato, como un hijo o cónyuge. La muerte de nuestro ser amado puede impulsarnos a desempeñar nuevos roles para los que no estábamos preparados. Nos toca llevar las cuentas y hacer de contadores, administradores del hogar o anfitriones improvisados de las fiestas familiares.

Ya sea que nos esforcemos por desarrollar nuevas habilidades sobre la marcha o nos demos cuenta de que debemos delegar responsabilidades, florecer requerirá que encontremos formas de expresar nuestro duelo y de apoyarnos en quienes pueden ayudarnos y acompañarnos por este difícil camino. Te encontrarás con innumerables exigencias al cerrar la vida de tu ser querido y avanzar, pero puedes desarrollar un plan. Puedes aprender a llevar el duelo contigo y a gestionar con él todas las esferas de tu vida.

¿POR QUÉ CUESTA TANTO?

En el capítulo anterior, hablamos sobre cómo el duelo afecta al cuerpo, pero no discutimos el lugar que quizás afecte más profundamente la pérdida: el cerebro. Muchas personas con las que hablo cuando acaban de perder a un ser querido se quejan de que el duelo les ha secuestrado el cerebro. Se me ocurren unas pocas analogías adecuadas para explicar lo que sucede. En las horas y en los días después de la muerte de nuestros seres queridos, el duelo se coloca en el asiento del conductor del cerebro y pisa el acelerador. Al duelo no le importa mucho el lugar al que pretendíamos llegar. Tiene su propio itinerario.

Aunque el «cerebro en duelo» es un fenómeno común en los inicios del dolor por la pérdida, hablamos poco acerca de la confusión y la frustración que ocasiona. El duelo nuevo y agudo exige que los circuitos del cerebro funcionen a alta capacidad, y ese aumento de la carga de trabajo puede afectar la memoria tanto a corto como a largo plazo. Es posible que se te olviden nombres o citas. Es posible que te distraigas o te confundas al conducir. Es posible que batalles con transiciones que solían sentirse normales, como salir de la casa o de la tienda de comestibles. Muchas personas se quejan de que la niebla del duelo inicial nubla ciertos recuerdos acerca de los acontecimientos que rodearon su pérdida.

Si hubieras experimentado esas molestias antes de la pérdida, es posible que te hubieras preocupado por la posibilidad de estar volviéndote senil. Sé que muchas veces me he preocupado y he pensado: *¿Qué me ha pasado? ¿Me estoy volviendo loca?* Cuando el cerebro trabaja duro para procesar la pérdida y los ajustes que deben venir con ella, todo puede sentirse fuera de control. Pero anímate. Lo más probable es que, con el tiempo, la niebla se desvanezca conforme te adaptes a la vida sin tu ser querido. Mientras tanto, tomar medidas básicas para organizar tu vida te dará luz según gestionas ese nuevo terreno. Incluso en esos días y meses difíciles, puedes ocuparte de las dimensiones prácticas de tu pérdida.

¿SIQUIERA SABE ALGUIEN QUE ESTOY DE DUELO?

Durante los primeros tres meses después de la muerte de Rob, cada vez que salía en público, decidía vestirme de negro y evitar usar maquillaje. Necesitaba una forma de encarnar mi dolor. Cada mañana, durante tres meses, me puse esa ropa negra. Cuando mi hijo usó por error lejía en lugar de detergente en una carga de ropa, de todos modos me puse la camiseta negra manchada sin mangas. A falta de escribir en mi frente: «Me siento muerta por dentro», ¿de qué otra manera podía comunicar mi pérdida? Vestirme de negro me permitía hacer física la tristeza que sentía con tanta intensidad en mi interior.

Recuerdo a la perfección aquel día de ese otoño en el que guardé la ropa de verano por el otoño. Los días se ponían más fríos, y las mangas cortas, incluso para mis hijos, no abrigaban lo suficiente. Tres meses de negro habían reducido mi armario, y lloré al guardar las camisetas que había dejado de usar después de la muerte de Rob. En los últimos meses, se habían quedado al fondo de las gavetas de la cómoda. Apenas recordaba que las tenía. Era como si fueran de una vida distinta, una que ahora se había ido con mucho dolor.

Después de que termina el funeral y comienza el largo trabajo del duelo, muchas personas afligidas se preguntan: «¿Siquiera sabe alguien que sigo de duelo?». Allí es donde los indicadores externos de la pérdida pueden ofrecer tanto una guía importante para quienes nos aman como expresiones personales de nuestro duelo. Ya sea que te vistas de negro, participes en un ayuno de las redes sociales, uses una prenda de vestir rasgada como en la tradición judía o te afeites la cabeza como en los tiempos del Antiguo Testamento, te animo a que encuentres formas físicas de expresar la pérdida que sientes por dentro. Sé creativo a la hora de manifestar la presencia del duelo en tu vida.

Es muy frecuente que el dolor desafíe las palabras, por lo que eso puede ayudarte a encontrar formas de expresar tu dolor sin tener que hablar. Las muchas dimensiones prácticas de tu pérdida requerirán que expliques la muerte de tu ser querido una y otra vez. Articularlo con desconocidos puede resultarte particularmente difícil. Al hacer tú ese arduo trabajo, los indicadores externos pueden ofrecerte consuelo personal y una comunicación clara de que eres una persona que necesita ternura y compasión.

¿TENGO QUE HACERLO SOLO?

Uno de los mayores desafíos del duelo surge cuando nos damos cuenta de que tenemos que cargar con el dolor junto con las demás responsabilidades de la vida. Hablaremos acerca de cómo lidiar con las emociones de la pérdida en el próximo capítulo, algo que hago a propósito. Para la mayoría de nosotros, el curso intensivo del duelo requiere que lidiemos con los aspectos prácticos antes de permitirnos mucho espacio emocional para vivir el duelo. Si solo tuvieras que preocuparte de tu propia vida, eso sería una cosa. Pero ahora se te ha encomendado la tarea de concluir con la vida de tu ser querido. Las finanzas, las pertenencias y hasta la ropa sucia exigen tu atención.

Tal vez seas lo que los investigadores del duelo llaman un «doliente instrumental». Vives el duelo al estar activo. Después de una muerte, en definitiva hay mucho que hacer. Quieres dedicarte a la tarea de honrar a tu ser querido al resolver sus finanzas o planear los días festivos, pero no sabes por dónde empezar. La lista de tareas pendientes parece interminable. Por otro lado, quizás seas un «doliente intuitivo», dispuesto a dejar que las tareas prácticas se acumulen mientras procesas tus sentimientos en voz alta.

La clave para sobrevivir a la soledad del duelo es no caminar solo. Al caminar por ese difícil camino, puedes reunir a un equipo de compañeros fieles que estén dispuestos a caminar contigo.

Sean cuales sean las expresiones de duelo que surjan de forma natural, lo más probable es que aprecies tener un equipo de apoyo mientras te abres camino por el bosque de responsabilidades que tienes por delante. La clave para sobrevivir a la soledad del duelo es no caminar solo. Al caminar por ese difícil camino, puedes reunir a un equipo de compañeros fieles que estén dispuestos a caminar contigo: el Sam, el Merry y el Pippin para tu Frodo Bolsón. Esas personas queridas no pueden cargar con el gran peso de la pérdida por ti, pero sí pueden animarte y ofrecerte alivio. Pueden convertirse en un apoyo indispensable gracias a su generosa voluntad de también hacerse amigos de tu duelo, tu compañero.

Quienes te apoyen no serán perfectos. Se equivocarán o dirán algo inapropiado. Sinceramente, tú también lo harás. Vas aprendiendo sobre la marcha, al igual que ellos. Llevará tiempo, pero puedes encontrar personas que estén listas para acompañarte a través de esa dura temporada y animarte mientras diriges tus pies hacia el florecimiento. Al igual que los amigos que se subieron al techo para bajar a su amigo a su encuentro con Jesús, ese equipo empático te recordará la presencia de Jesús en tu dolor y te llevará ante él por medio de sus atenciones y oración.

¿CÓMO ENCUENTRO A ESAS PERSONAS?

Justo en el momento en el que conoces a tu nuevo yo, también necesitas gestionar tus relaciones. Quiero enfatizar lo difícil que puede resultar esa tarea. Después de cada pérdida, cuando te reúnes con cada relación ya establecida, sientes como si fuera por primera vez, aunque con un equipaje e historia complicadamente unidos. Si comparten el duelo por la misma persona, cada uno de ustedes vive el duelo según su propia y particular relación con esa persona. Es posible que las similitudes que esperaban no existan.

Todas las relaciones cambian después de la pérdida. Es posible que un amigo cercano nunca levante el teléfono para volver a llamar. Un ser querido puede hacer comentarios dolorosos. Es difícil ver cómo la muerte de tu ser querido desata las demás muertes relacionales. Tómate el tiempo y date el espacio para vivir también ese duelo. Escuchemos a Job mientras lamenta esos cambios en su propia vida:

Hizo que mis hermanos me abandonaran;
hasta mis amigos se han alejado de mí.
Mis parientes y conocidos se distanciaron;
me echaron al olvido.
Mis huéspedes y mis criadas me ven como a un extraño,
me miran como a un desconocido.
Llamo a mi criado y no me responde,
aunque yo mismo se lo ruego.
A mi esposa le da asco mi aliento;
a mis hermanos les resulto repugnante.

JOB 19:13-17, NVI

¿Te suena familiar?

Es posible que esas relaciones cambiantes te resulten confusas, frustrantes o irritantes. Algunas personas que han sido parte de tu vida se alejarán de ti porque no pueden aceptar tu nuevo yo. Otras no podrán ver más allá de la muerte de tu ser querido a la persona en la que te estás convirtiendo después de perderla. La muerte facilita algunas cosas y dificulta muchas más. Cuando las relaciones se tornan difíciles, puede ser necesario crear nuevos límites para mantenerlas. En ocasiones, con delicadeza, tendrás que dejar una relación por completo. No todo el mundo será capaz de acompañarte en ese difícil camino.

El duelo no solo destruye relaciones. También las fomenta. Mantente atento para reconocer esas oportunidades, y celébralas cuando lleguen.

La llegada del duelo a tu vida tiene otros efectos negativos además de este. Las relaciones entre hermanos y hermanas a menudo se forjan por medio del dolor. En la milagrosa bondad de Dios, también descubrirás que «fieles son las heridas del que ama»[1]. Aparecerán personas amables en lugares inesperados. Surgirán amigos queridos. Como dice el escritor de Proverbios, en tu dolor encontrarás compañeros «para ayudar en tiempo de necesidad»[2]. El duelo no solo destruye relaciones. También las fomenta. Mantente atento para reconocer esas oportunidades, y celébralas cuando lleguen. Al experimentar esos cambios, asegúrate de dejar espacio para que se desarrollen situaciones nuevas. Si uno es de plata y el otro de oro, tú te beneficiarás tanto de las relaciones recientes como de las previas en tu caminar con el duelo hacia una nueva vida.

¿QUIÉN ESTÁ EN MI EQUIPO?

Cuando comencé a preparar mi declaración de impuestos el primer año después de la muerte de Rob, anticipé que necesitaría un poco más de tiempo. Era la última declaración como «casado que presenta una declaración conjunta». No estaba segura de qué esperar. Durante casi veinte años, había elaborado la declaración para nuestros impuestos, y me encantaba ese trabajo. Así que, aquella noche en la que los niños estaban felizmente ocupados jugando, me senté a poner en orden mi carpeta manila de papeles.

Terminé de preparar mi declaración de impuestos y me fui a la cama sintiéndome bastante satisfecha conmigo misma. Si todo lo demás en mi vida estaba cambiando, al menos eso podría seguir igual. Todavía podía declarar mis impuestos yo misma.

Excepto que no pude. Por primera vez en casi veinte años, sin saberlo, cometí un error.

Un par de meses después, mientras resolvía algunos asuntos financieros, surgió una pregunta acerca de mis impuestos. Le envié mi declaración completa a un contador local, quien me dijo cortésmente, pero sin rodeos, que mi declaración estaba incorrecta. Me tranquilizó cuando me dijo que, para la persona promedio, era complicado declarar sola los impuestos que involucraban a una persona fallecida. Aprecié su amabilidad, pero sus comentarios fueron un golpe para mi ego. Y más que a mi ego, hirieron mi corazón. En esa tarea, en la que me había sentido capaz, ahora necesitaba pedir ayuda. No quería tener que admitir que, incluso en algo tan común y corriente como los impuestos, la muerte de Rob había provocado un cambio.

Había escuchado durante meses «¿Cómo puedo ayudar?» o «Avísame qué puedo hacer por ti», pero me había resistido de manera inconsciente, no porque sintiera que no necesitaba ayuda, sino por todo lo contrario. Mi vida había estallado en un millón de pedazos con la muerte de Rob. Tenía muy claro lo devastado que estaba todo. Aceptar ayuda, sin embargo, era reconocer que la ausencia de Rob había afectado cada aspecto de mi vida, desde las compras de comestibles hasta las finanzas, desde el uso compartido del automóvil hasta los planes para mi futuro. Mi corazón se rompía de nuevo cada vez que me encontraba con otro ámbito de mi vida que mi pérdida había tocado. Escuchar a alguien ofrecer ayuda grababa esa pérdida en piedra. Aunque yo no quería creer que mi vida había cambiado radicalmente, quienes estaban fuera de mi vida también podían verlo.

Me llevó tiempo, pero sí comencé a considerar a ese contador parte de mi equipo después de la pérdida. Al reconocer la realidad de que había ciertas áreas de mi vida que ya no podía gestionar de la misma manera, supe que necesitaba armar un grupo de personas que caminaran a mi lado y me ayudaran a descubrir las muchas dimensiones prácticas de mi pérdida. Lo asombroso fue que, cuando estuve dispuesta a buscarlas, comencé a verlas en todas partes.

Al igual que un entrenador de la NFL (Liga Nacional de Fútbol Americano, por sus siglas en inglés) que se prepara para reclutar, observarás que, en los días posteriores, buscarás ayudantes. Reunirás una especie de equipo, amigos y conocidos que te ayudarán a gestionar todas las formas en las que tu ser querido se ha ido. Yo comencé a reunir a mi equipo aquel día. Lo que sigue es lo que aprendí.

¿CUÁL ES TU HABILIDAD?

Unos meses después de mi pérdida, estaba sentada, abatida, en la oficina de mi consejero de duelo. Hacía poco había hablado por teléfono con una amiga que, al parecer, desestimaba mi duelo. Su respuesta me había dejado desconcertada. Le había abierto mi corazón, y ella pronto había cambiado de tema. Yo estaba perpleja. ¿Qué iba a hacer con eso?

Al explicar la situación en detalle, me di cuenta de que le había pedido a mi amiga que estuviera presente de una manera que iba más allá de sus dones. Era el tipo de persona que «resolvía», no una persona de sentimientos. Yo había esperado una conexión, pero ella había visto un problema que resolver. Su reacción no fue ni cruel ni insensible. Ella simplemente había reaccionado según sus dones. Si me sentí rechazada, tal vez fue porque le había pedido al carpintero que instalara la plomería, por así decirlo. Le había pedido que funcionara de una manera para la que no estaba capacitada.

En 1 Pedro 4:10 se pinta una hermosa imagen de cómo funciona la vida de familia dentro de la iglesia y cómo, creo yo, tu equipo puede trabajar a tu lado en el duelo. El apóstol Pedro escribe: «Dios, de su gran variedad de dones espirituales, les ha dado un don a cada uno de ustedes. Úsenlos bien para servirse los unos a los otros». Diferentes personas tienen diferentes habilidades, dice Pedro, y todas ellas transmiten el amor y la gracia de Dios. Con el tiempo, descubrí que mi amiga me sería indispensable en mi viaje con el duelo. Ella me ofrecería sabiduría y orientación cuando yo batallara con una decisión. Cuando honré su don, ella floreció como una compañera en mi dolor.

Cuando estés listo para recibir atención y ayuda, piensa en las personas que amas y que te aman. ¿Qué dones tienen? ¿Cuáles son sus habilidades? ¿Cómo se alinean los dones de ellas con tus necesidades? Tal vez no le pedirías a tu contador que te traiga la cena, pero sin duda puedes esperar que te ayude a la hora de declarar los impuestos. Tu hermano, quien se pone nervioso con los detalles, puede proporcionarte un oído sensible y cariñoso cuando necesites liberar tu tristeza.

Toma un pedazo de papel y escribe algunos de esos nombres. Identifica las habilidades y los dones de cada persona. ¡Vas por el camino para formar tu propio y único sistema de apoyo! Asegúrate de lanzar tu red ampliamente. Puede que tu lista incluya a algunos personajes inusuales, pero no pasa nada. Todo eso es parte del crecimiento que se produce después de la pérdida mientras aprendes de nuevo cómo abogar por ti mismo en el mundo sin tu ser querido. ¿Notas alguna necesidad en tu vida? Es posible que un nuevo amigo esté ahí, ya preparado, a la espera de que le pidas ayuda práctica.

Durante los tres años que han transcurrido desde la muerte de Rob, mi equipo de apoyo ha incluido a tanto familiares y amigos como a héroes improbables, entre ellos mi electricista, mi asesor financiero, mi agente inmobiliario y la persona que se encarga de la climatización. Tu equipo te rodeará de atención y apoyo, por lo que podrás apoyarte en ellos aunque otras relaciones cambien y se desvanezcan en los días y los años posteriores a tu pérdida. Algunos permanecerán en tu vida durante esa temporada, y otros se convertirán en queridos amigos para toda la vida.

¿CÓMO PUEDO AYUDAR?

«Avísame si hay algo que pueda hacer». Sin duda, has escuchado esa frase a menudo desde que tu ser querido murió. Después de una pérdida, muchos se ofrecen como voluntarios para ayudar, pero pocos se presentan para la tarea. No creo que eso se deba a que no tengan buenas intenciones. Al contrario. La pérdida toca fibras de nuestra humanidad común que nos impulsan a tender la mano. El sentir empatía, sin embargo, no significa que sepamos qué hacer con ella.

Al identificar a las personas que son parte de tu vida y que te acompañarán a través del duelo, ¡ponlas a trabajar! Es posible que los roles del hogar hayan cambiado para ti, así que podrías necesitar ayuda en muchas áreas de tu vida. Cuando te sientas abrumado con una tarea, esa es una buena señal de que es posible que necesites una mano amiga. Anota lo que te abruma.

Luego, delégale la tarea a un miembro de tu equipo, o busca a un amigo que pueda caminar a tu lado mientras tú mismo haces lo difícil. Si te sientes abrumado y ni siquiera estás seguro de qué necesitas, pregúntate: *¿Cómo me siento?* Luego mira más allá del sentimiento a la necesidad que lo causa.

Muchas personas usan las entregas de comidas y coordinan cenas para las familias que están en duelo. Si te ofrecen que aceptes una serie de comidas, adelántate y añade también las necesidades prácticas a la lista. Lavar la ropa, limpiar, cortar el césped, quitar la nieve e incluso hacer la compra de comestibles pueden ser un regalo que recibas de alguien que quiera ayudarte en tu momento de necesidad. Si no necesitas comida, pídele a un amigo que elabore una lista de técnicos de reparaciones o personas importantes a quienes llamar cuando sea necesario. Te ahorrará el tiempo de buscar un plomero en línea cuando estés envuelto en una niebla de duelo. Recluta a personas que quieran ayudar pero no estén seguras de cómo hacerlo. Al ofrecer oportunidades prácticas, descubrirás que tu equipo se amplía de forma natural. Crear listas simples como estas es una excelente manera de involucrar sensiblemente a tu cerebro, sin encomendarle tareas de alto nivel como la toma de decisiones.

Aunque tu equipo te busque para ofrecerte atención, puede ser que algunas tareas sean demasiado personales y que quieras o necesites hacerlas solo. Por ejemplo, muchas viudas me han compartido que las preocupaciones financieras relacionadas con la muerte de su pareja requerían la atención preferencial de ellas, pero sentían que eran sumamente íntimas. Abrir los

Abbie reflexiona sobre la muerte de su madre:

Estamos sentados en el suelo del clóset de nuestra dulce mamá, rodeados de su ropa. Mamá personificaba la belleza y la gracia en todos los sentidos, lo cual incluía sus impecables elecciones de moda, siempre rebosantes de personalidad y posibilidades. Pero ya no está aquí para usar su ropa. Está intacta. Abandonada, por así decirlo.

Mamá nos dijo lo que había que hacer. «Úsenla o dónenla». No quería que sus cosas se quedaran sin usar o estuvieran guardadas. Pero ¿cómo daremos un paso tan estremecedor hacia la realidad de que ella nunca volverá a usar esa ropa? ¿Cómo nos atreveremos a donar toda una vida de recuerdos?

Respiramos hondo y entramos juntos al clóset. Nos lanzamos a la oscuridad y le damos la bienvenida tanto a lágrimas como a risas. «¿Recuerdan cuando se ponía esta chaqueta?». «Oh, Dios mío, ¿ya vieron esta? ¡Cómo se veía de bien con ella!». Nos tomamos de la mano y nos damos abrazos. Cuando las donaciones están en las bolsas, las perchas vacías son las que me llaman la atención. Cientos de perchas vacías. Me deshago por completo. Los sollozos al fin me dominan.

La verdad es que mamá tenía razón. Sus cosas deben usarse. La vida tiene que ser vivida. Así que contamos historias. Revivimos recuerdos. Sentimos duelo por lo que pudo haber sido. Soñamos con los días por venir. Esperamos lucir la mitad de elegantes que nuestra dulce mamá por el camino.

archivos de la vida de otra persona puede ser una tarea muy delicada. A veces, los miembros de la familia se enteran de crudas realidades cuando comienzan a revisar los papeles de su ser querido.

Por muy agradecido que estés con la comunidad que te apoya, descubrirás el tira y afloja entre la presencia de otros y tu privacidad después de tu pérdida. Esos intereses no compiten entre sí; ambos son reacciones normales ante la muerte de un ser querido. Puedes crear tanto nuevos límites saludables que permitan la conexión como el espacio que necesitas para tomar decisiones difíciles, ya sea que debas liquidar el patrimonio de tu ser querido, tomar decisiones sobre sus pertenencias o determinar cómo pasar las vacaciones.

En los casos que desees (o debas) cumplir con una responsabilidad sin compañía, apóyate en un amigo para que te brinde apoyo emocional. Resúmele la tarea que tienes por delante y pídele oración. Ir a una reunión complicada o cumplir con una asignación difícil puede ser más fácil cuando sabemos que un compañero se ha comprometido a llevarnos ante Jesús. Para los guerreros de oración de tu equipo, tu petición los movilizará a preocuparse por ti de la mejor manera posible.

¿Y SUS COSAS?

Después de que Rob murió, volví a casa y guardé sus cosas en una caja: sus gorras de béisbol y su ropa, los papeles del escritorio de su oficina en casa. En mi conmoción y duelo intenso, me resultaba demasiado doloroso verlas todos los días. Filas de cajas, todas etiquetadas con el nombre de «Rob» con rotulador negro, ocupaban la parte trasera del clóset de mi dormitorio, un testimonio silencioso de mi desgarradora pérdida. Toda una vida reducida a una fila de cajas de cartón. Algunos familiares y amigos se ofrecieron a ayudarme a revisar sus pertenencias, pero yo no estaba lista.

En el duelo, es normal deshacerse de las pertenencias del ser querido. También es normal aferrarse a ellas, a veces durante mucho tiempo. No hay una forma correcta o incorrecta. No hay una forma prescrita de decir adiós. Cuando se acercaba el primer aniversario de la muerte de Rob, comencé poco a poco el proceso de volver abrir esas cajas para revisar los recuerdos que había dentro y decidir qué hacer. Incluso tres años después, sigue siendo un proceso de un paso adelante, dos pasos atrás, el cual requiere determinar cuándo apoyarme en mi duelo y saber cuándo necesito alivio.

No hay un cronograma o un conjunto de pautas en cuanto a cómo o cuándo uno debe ocuparse de las pertenencias de su ser querido. Espera hasta que estés listo y haz lo que te parezca natural. Las investigaciones revelan que las personas que están en duelo se benefician más de los recuerdos simbólicos de sus seres queridos. Muchos batallan cuando dependen de las pertenencias del ser querido como un vínculo vivo de lo que se perdió[3].

Esa diferenciación es única para cada persona. No puedo decirte qué define el recuerdo y qué se convierte en un apego malsano al pasado. Al acudir a tu duelo, escucha sus anhelos y temores. Confío en que sabrás hacerlo. Puedes reflejar la generosidad de tu ser querido al regalar artículos. Es posible que encuentres nuevos usos para sus cosas para honrar el renacimiento que estás experimentando después de la pérdida. En esa ardua tarea, puedes expresar el vínculo de amor que perdura incluso después de la muerte.

¿VOLVERÉ A CELEBRAR ALGÚN DÍA?

Al igual que las pertenencias de tu ser querido, las celebraciones están impregnadas de memoria. Cuando un ser querido muere, es normal preguntarse: *¿Volveré a celebrar algún día?* Rob murió justo una semana antes de nuestro decimoséptimo aniversario de bodas. Un mes después, nuestra hija cumplió catorce años. Los siguientes seis meses se sintieron como una horda de días festivos: el cumpleaños de Rob, el Día de Acción de Gracias, la Navidad, mi cumpleaños, el Día de San Valentín. ¡Anhelaba un mes sin días festivos!

«¿Volveré a celebrar algún día?». Es una pregunta de todo o nada, lo cual trato de evitar con dolor. Así que la vamos a reformular: «¿Cómo voy a celebrar?». La muerte cambia la forma de nuestras celebraciones porque le añade amargura a lo dulce. Dicho eso, los días festivos y las ocasiones especiales también aportan perspectiva. Nos ofrecen dosis vitales de esperanza en medio de la desesperación. Para el cristiano, cada momento de alegría es, como dijo C. S. Lewis, un reflejo de las grandes alegrías que nos esperan. Las personas que están en duelo necesitan esos recordatorios con desesperación.

Los primeros días festivos después de la muerte de tu ser querido ofrecen nuevas oportunidades para vivir el duelo y honrar su pérdida. Para hacer que el día festivo sea más fácil, suelta tus expectativas de cómo se desarrollará. Lo más probable es que el duelo anticipatorio haga que los días previos al día festivo sean peores que el evento en sí. Recuerda que, si puedes pronosticar desdicha, también eres capaz de pronosticar alegría. Incluso con el duelo en la mesa de celebración, tú todavía tienes la capacidad de decidir.

Si el pavo navideño ocasiona estrés anual, tal vez este no sea el año para uno grande. Al soltar tus expectativas y abrirte a nuevas posibilidades, considera romper con la tradición. El fantasma de la Navidad del pasado puede aportar un aire festivo a un cuento de Dickens, pero no se puede conjurar el pasado al repetir viejas actividades. Determina cómo honrarás a tu ser querido al ver no solo hacia atrás, sino hacia adelante y, lo más importante, al *ahora*. Las primeras festividades después de una pérdida pueden ser momentos de reflexión y tristeza, pero —como escribe la consejera de duelo afroamericana reverenda Arlene Churn— «están destinadas a ser celebraciones, no otro funeral»[4].

Recuerda que, si puedes pronosticar desdicha, también eres capaz de pronosticar alegría.

Por último, si decides no participar en las celebraciones (tu cumpleaños, el cumpleaños de otros, la Navidad), también está bien. El duelo va contigo a cada ocasión especial, así que puedes determinar lo que tú y el duelo pueden soportar juntos. Si te invitan a una celebración y te sientes indeciso en cuanto a asistir o no, ofrece un tal vez. Acepta las invitaciones de familiares y amigos que te van a entender si necesitas retractarte o tomar una decisión a última hora. Así como no hay una forma correcta de encargarse de las pertenencias de tu ser querido, no hay una forma correcta de celebrar después de que se ha ido.

¿QUÉ VOY A HACER?

¿No sería estupendo que el día de hoy fuera lo único que existiera, que no tuviéramos que pensar ni en el mañana ni en el día siguiente ni en el siguiente a ese sin nuestro ser querido? Yo a menudo he anhelado la miopía de la que disfruté en los primeros años del duelo. Estaba dentro de tal niebla que nunca se me ocurrió que *por el resto de mi vida* viviría sin Rob. No estoy segura de cuándo empecé a darme cuenta de que en realidad nunca volvería, de que todos los mañanas que habíamos planeado se habían borrado, de que yo necesitaba crear un plan totalmente nuevo para mi futuro.

En la jornada con el duelo, llega un momento en el que lo golpea a uno. Tú has superado la primera cuesta de conmoción e incredulidad, y ves que el camino por delante serpentea sin cesar hacia el horizonte. Se te ha llamado a caminar con dolor y sufrimiento no solo hoy, sino durante todos los días por venir. El duelo estará presente en cada ocasión de tu calendario. *¿Qué vas a hacer?*

De todas las dimensiones prácticas de la pérdida, esta requerirá la mayor parte de tu energía y emoción. Es fácil sentirse abrumado por los años que se extienden ante ti, así que tómate tu tiempo. Será un esfuerzo de toda la vida reconocer la realidad de que tendrás que reconstruir un futuro sin tu ser querido.

Después de la muerte de tu ser querido, es posible que tengas que cambiar muchos aspectos del futuro: las vacaciones, el trabajo, los planes de jubilación, la universidad o el matrimonio. Muchas personas te aconsejarán que no tomes decisiones importantes durante el primer año después de la pérdida, pero yo te animo a que tengas cuidado con consejos radicales como ese. En particular, si has sido un cuidador o has visto a la muerte acercarse, el duelo anticipatorio influye en cómo evalúas tu preparación para tomar decisiones después de la pérdida. Del mismo modo, para quienes han experimentado una pérdida repentina, la toma de decisiones puede tardar más tiempo conforme te enfrentas al cambio dramático de tu vida. Descarta el límite de un año y escribe tu propio futuro.

Me encanta establecer jerarquías para guiarme en la toma de decisiones, por lo que te animo a hacerlo también cuando comiences a tomar decisiones prácticas relacionadas con tu futuro. Cuando estés listo, aclara tus tres o cuatro prioridades principales en ese momento. Deja que tus planes y metas fluyan de esas prioridades del momento. ¿Necesitas encontrar un trabajo, contratar a una niñera, pedir ayuda con las tareas domésticas? Establece una jerarquía (una palabra elegante para una lista de orden de prioridades) como una forma de lidiar con las cosas que más te cuestan en el duelo. ¡Trabaja primero con lo más fácil!

En el proceso de adaptarte a la pérdida, este método te dará espacio para atender primero las necesidades urgentes y posponer los problemas más grandes hasta que tengas más capacidad emocional o más conocimiento que te ofrezca información en cuanto a tu toma de decisiones. Planea con flexibilidad y permítete márgenes para cambiar de opinión según crezcas y cambies en tu pérdida. Sobre todo, no te sientas presionado a tomar decisiones a largo plazo. Por difícil que sea creerlo en ese momento, el futuro en realidad se encargará de sí mismo.

PRESENTE EN EL SUFRIMIENTO

Los buenos planes de Dios para ti no murieron con tu ser querido. Tómate un momento y leelo de nuevo, en voz alta. Después de tanto dolor, sé que ese es un gran acto de confianza. Sé lo difícil que es eso. Lo vivo contigo todos los días.

Si el apóstol Pablo nos dice que no estemos de duelo como aquellos que no tienen esperanza, es aquí, en el meollo de los asuntos prácticos cotidianos, donde podemos ver que los primeros rayos de esperanza salen de la oscuridad de la pérdida. Desde las personas que nos rodean y apoyan hasta las tareas que terminamos y que se convierten en actos que honran a tu ser querido, todo manifiesta el amor que perdura después de la pérdida. Todos dirigen nuestra atención al Dios cuyo amor fiel nos persigue, incluso en las profundidades del dolor y del sufrimiento.

Jesús tiene un interés profundo en los detalles minuciosos de tu vida. Conocía la historia conyugal de la mujer del pozo. Se aseguró de que cada una de las cinco mil bocas fuera alimentada. A él le importa la llamada telefónica que tuviste con el abogado, las cajas que hay que empacar, la vida que hay que reconstruir. Conforme tú gestionas cada dimensión práctica de tu pérdida, el duelo y Dios caminan contigo. Él ha cuidado del gorrión y del lirio, y también cuidará de ti.

PARA REFLEXIÓN

1. ¿Cuáles son algunas formas físicas y externas en las que podrías mostrar que estás de duelo? Haz una lista de tres que podrías intentar.

2. El apoyo llega de varias maneras. Dibuja tres círculos concéntricos y traza en el centro una X que te represente. En el círculo central, escribe una lista de las personas más íntimas que te brindan apoyo. Enumera tu segundo nivel de apoyo en el siguiente círculo. Por último, escribe en el círculo exterior los nombres de los conocidos que te apoyan. Revisa tus nombres y piensa en las habilidades y los conocimientos que le ofrecen a tu vida. Determina a quién puedes llamar para que te apoye de maneras particulares que exhiban sus dones y contribuyan directamente a tus necesidades.

3. ¿Has revisado las cosas de tu ser querido desde su muerte? Si es así, ¿cómo te hizo sentir? ¿Qué decidiste regalar o conservar? ¿Por qué? Si no es así, ¿qué te impide iniciar ese proceso? ¿Qué necesitas para poder afrontarlo?

4. Elige un día festivo en particular y haz una lista de cómo es diferente ese día ahora que tu ser querido no está. Luego escribe una lista de cómo ese día sigue siendo el mismo. ¿Qué ideas te ofrece esta actividad conforme remodelas tus expectativas para el día?

5. A lo largo de los Evangelios, vemos a Jesús preocupado por las necesidades íntimas de quienes lo rodeaban. ¿Cómo puedes invitar a Jesús a las dimensiones prácticas de tu pérdida? ¿De qué manera te brinda consuelo su compañía mientras caminas al lado del duelo a través de esos asuntos difíciles y cotidianos?

CAPÍTULO 6

A orillas de la soledad: Cómo vadear las emociones de la pérdida

Mi arpa toca música triste, y mi flauta acompaña a los que lloran.

JOB 30:31

Soy una mamá fanática del béisbol, y mi jugador favorito, sin contar a mis dos hijos, es Pigpen, el tercera base del equipo de Charlie Brown. Es amigable y llevadero. Además, constantemente lo rodea una nube arremolinada de suciedad y polvo. De hecho, esa nube es tan parte de él que, en las pocas ocasiones en que llega sin ella, ¡nadie lo reconoce! Por mucho que Pigpen lo intente, no puede sacudirse el polvo de los pies de forma permanente. Esa nube casi tiene mente propia. Se podría decir que la nube de polvo es la compañera de Pigpen.

En toda mi búsqueda de metáforas que logren describir nuestra experiencia emocional con el duelo, no puedo pensar en ninguna mejor que la nube de Pigpen. Arremolinada, oscurece la visión, es difícil de sacudir... sí, seguro que suena a duelo.

El duelo llega y, como la nube de polvo y suciedad de Pigpen, su presencia se convierte en una parte definitoria de nuestra identidad.

La mayoría de los demás personajes de *Peanuts* se burlan de Pigpen por su compañera, la nube. Lo evitan. Le dicen que es asqueroso. Lo animan a esforzarse más. Incluso Pigpen intenta deshacerse de su suciedad una o dos veces. Pero lo asombroso es esto: en el camino, Pigpen llega a aceptar a su compañera, la nube. La describe con orgullo como «el polvo de siglos sin fin». Más que eso, encuentra una verdadera amistad con Charlie Brown, la única persona que no se siente ni intimidada ni rechazada por lo impresentable de la situación.

Cuando la mayoría de las personas hablan del duelo, se refieren a las dimensiones emocionales de la pérdida. Si tú no has perdido a alguien cercano, es posible que no te des cuenta de cuán grande es en realidad el duelo, de cuán difícil es librarse del desastre que su presencia hace en tu vida. El duelo es malestares estomacales y noches de insomnio. El duelo es papeleo, juicios testamentarios y ventas de bienes, lo cual la autora Wendy Gan llama «la burocracia de la muerte»[1].

En, entre y por encima de todas estas luchas cotidianas, cada uno de nosotros camina con su propio remolino de emociones. Nos parecemos mucho a Pigpen. En el duelo, es posible que nos falte paciencia o que lloremos en un abrir y cerrar de ojos. Nos quedamos en silencio en la conversación o simplemente no podemos soportar el ruido. Al igual que Pigpen, solemos descubrir una dolorosa verdad: a otras personas les repugna esa nube de emociones. Si bien cualquier cantidad de expresiones emocionales puede ser una parte normal y natural de la experiencia del duelo, nos quedamos solos para gestionar el duelo que se arremolina a nuestro alrededor y nubla nuestra vista.

POR QUÉ ES TAN DIFÍCIL CAMINAR CON EL DUELO

En 1969, Elisabeth Kübler-Ross identificó lo que ahora se conoce popularmente como las «cinco etapas del duelo» (negación, enojo, negociación, depresión, aceptación) cuando estudiaba e interactuaba con personas que habían recibido un diagnóstico de enfermedad terminal. A medida que una persona aceptaba su diagnóstico, afirmaba Kübler-Ross, pasaba de la negación a la aceptación final, antes de su muerte. Aunque nunca se comprobó científicamente (y, de hecho, se refutó en investigaciones posteriores), el modelo se hizo popular.

Al principio, las «cinco etapas del duelo» tenían la intención de describir la trayectoria emocional de una persona moribunda, no la de las que dejaba. Dada la popularidad de ese modelo lineal, muchas personas que están en duelo (y quienes intentan apoyarlas) se encuentran totalmente perdidas cuando se topan con la dimensión emocional de su duelo. Esperamos un plan de acción, y lo que obtenemos en su lugar es un remolino de polvo como el de Pigpen.

Si has tratado de trazar tus emociones de un día para otro, te resultaría difícil encontrar una trayectoria clara en los días después de la pérdida. Sería más probable que el dibujo se pareciera a la nube de Pigpen. Nos han enseñado un modelo sobre el duelo, pero vivimos algo diferente. ¡No es de extrañar que estemos confundidos!

A lo largo de tu viaje con el duelo, querrás dedicarle tiempo a interactuar con las emociones que el duelo provoca. Las personas resilientes enfrentan su pérdida en lugar de evitarla[2]. Debido a que tus emociones son un regalo de Dios, puedes confiar en que lo encontrarás allí, incluso cuando todo se arremolina a tu alrededor e incluso cuando es difícil ver el camino a seguir.

TEMIBLE Y MARAVILLOSAMENTE HECHO

El duelo no es solo un sentimiento pasajero. Es una emoción y una capacidad que Dios tejió en el cuerpo al nacer. Es parte del maravilloso diseño divino del rango emocional. Dios formó en nosotros la capacidad de amar, de perdonar, de esperar y, sí, de sufrir el duelo.

Cuando el duelo llega, puede sentirse como una verdadera montaña rusa de altibajos. Descubrimos que somos capaces de pasar un día sin una tristeza paralizante, y nos sorprendemos unas semanas después cuando la tristeza nos abruma. Una reunión con amigos nos parece atractiva el lunes pero intimidante el viernes por la noche. Creemos que nos hemos adaptado a las emociones de la pérdida, pero descubrimos que nos sentimos confundidos cuando la niebla se desvanece y nos damos cuenta de que experimentamos algo nuevo y tenemos pocas herramientas para abordar las preguntas que enfrentamos.

Como cristianos, creemos a menudo que se puede confiar en nuestro intelecto y razón pero no en nuestras emociones. Defendemos nuestra mente y descartamos nuestros sentimientos, por lo que nos advertimos a nosotros mismos y a los demás que «los sentimientos van y vienen». Nos pone nerviosos tomar decisiones basadas en impulsos emocionales, como si Dios no pudiera hablar con sabiduría en esas partes intangibles de nuestra psique.

Además, solemos categorizar a nuestras emociones como buenas o malas. El amor, la compasión y el valor son positivos y dignos de elogio. La ira, los celos y el duelo son negativos y deben evitarse. Pero Dios creó todas nuestras emociones: la ira, el amor y hasta los celos y el duelo, y las llamó buenas. Las emociones son tan parte de la magnificencia de nuestra *imago Dei* como lo son nuestras habilidades de razonamiento. Las emociones dan testimonio de las partes del alma a las que no se puede acceder con facilidad con el intelecto, de esos lugares internos que hablan la verdad con honestidad instintiva. Como mi hermana me dijo tan acertadamente después de la muerte de Rob: «El Espíritu Santo también habita en tu instinto».

Dios creó todas nuestras emociones: la ira, el amor y hasta los celos y el duelo, y las llamó buenas. Las emociones dan testimonio de las partes del alma a las que no se puede acceder con facilidad con el intelecto, de esos lugares internos que hablan la verdad con honestidad instintiva.

Cuando el pecado tuerce las emociones, debemos decir que esas distorsiones son incorrectas y orar que Dios las redima. El apóstol Pablo hace esa distinción cuando le dice a la iglesia de Éfeso: «No pequen al dejar que el enojo los controle»[3]. La ira puede ser una reacción apropiada, pero el pecado nunca está bien. Al estudiar los Evangelios, vemos que Jesús expresa la gama entera de las emociones humanas, desde la ira justa hasta el amor entregado y el duelo profundo. Una y otra vez, Dios bendice el rango emocional al exhibir su maravilloso diseño perfeccionado en Jesús. El duelo, entonces, no es inherentemente malo. No es necesario corregirlo, sino manejarlo de maneras espiritual, física, relacional y emocionalmente saludables.

NADIE COMO TÚ

Cuando éramos niñas, mis hermanas y yo nos sentábamos todas las tardes frente al televisor para ver *Mister Rogers' Neighborhood* (El vecindario del señor Rogers). Con esa dichosa dulzura que atrajo a los niños durante décadas, el sereno señor Rogers sonreía a la cámara y canturreaba: «Solo hay uno como tú. Nadie más. Nadie más. Nadie más que tú». Si pudiera decirte una sola cosa acerca de tus emociones en el duelo, te cantaría esa canción una y otra vez. Cuando se trata de las emociones que experimentas después de la pérdida, solo hay uno como tú.

La expresión emocional es única en cada persona. Las investigaciones confirman que no hay formas masculinas o femeninas de vivir el duelo. Solo estás tú y la forma en la que *tú* vives el duelo. Algunas personas son lo que los psicólogos llaman «dolientes intuitivos». Se sienten más cómodos cuando expresan sus emociones hacia el exterior por medio del llanto o la conversación. Otras personas experimentan un duelo más «instrumental». Piensan en su pérdida, pero no dicen mucho. Resuelven su duelo por medio de actividades constructivas como pasatiempos, deportes o alguna forma de arte.

Nuestras emociones son un regalo para ayudarnos a lidiar con los cambios de la vida, así que es probable que todos expresemos nuestro duelo de manera instrumental e intuitiva en un momento u otro. Expresar tu duelo es natural y normal. No es una señal de que necesites terapia o de que no puedas

Cuando necesites ayuda adicional

Si el trauma es parte de tu pérdida, es posible que necesites ayuda adicional para escuchar a tus emociones. Tu cuerpo fue diseñado bellamente para manejar el estrés, pero el trauma causa desafíos únicos. Es posible que desees gestionarlas bajo el cuidado de un profesional que ha recorrido ese camino con muchos otros como tú. Si el trauma, la ansiedad o la depresión son parte de tu historia, comunícate con tu médico de cabecera o con un profesional de la salud mental. Existe una gran diferencia entre el duelo y la enfermedad mental. Después de perder a un ser querido, tú mereces la mejor atención que te ayude a florecer de nuevo.

Si experimentas sentimientos o ideas suicidas, contacta a los servicios de emergencia y prevención del suicidio de tu país, los cuales están disponibles las veinticuatro horas del día, los siete días de la semana. Que no te dé vergüenza llamar. Ellos están acostumbrados a hablar con personas que experimentan el duelo. El duelo puede hacer que la vida se sienta tan oscura, pero tú no tienes por qué dejar que la oscuridad te supere.

sobrellevarlo. Más bien, al expresar el duelo de manera saludable, lo que en realidad haces es aliviar la carga de caminar con él. Por lo tanto, tu trabajo más importante al enfrentar las dimensiones emocionales de tu pérdida es simplemente aprender qué expresiones de duelo te resultan más cómodas.

EL VALOR DE LLORAR

Después de la muerte de Rob, un amigo me confesó: «No sé si hablar de Rob contigo o no. No quiero empeorar las cosas. No quiero hacerte llorar». Aprecié la sensibilidad hacia mi estado emocional, pero la preocupación estaba mal dirigida. Mi duelo hubiera sido mucho peor si hubiera tenido que reprimir mis sentimientos.

Cantamos: «Las niñas grandes no lloran». Les decimos a nuestros hijos: «Los verdaderos hombres no lloran». Nuestra cultura nos exhorta a seguir adelante o a ser hombres. Las lágrimas en público, por lo general, se consideran una señal de que uno no puede mantener la compostura. Al lado de la tumba, nos decimos el uno al otro: «Él no querría que estuvieras triste», así que nos secamos las lágrimas y tratamos de superarlo. Evitamos mencionar a la persona que murió porque no queremos empeorar el ambiente. (¿Qué podría ser peor? ¡Está muerta!). Reprimimos nuestras emociones, suponiendo que guardarlas hará que desaparezcan.

Ese tipo de restricción emocional afecta nuestra capacidad para procesar el duelo. Ocultar el dolor nunca ayuda. Cuando nos decimos que nuestros seres queridos no querrían que estuviéramos tristes, minimizamos la intimidad de esas relaciones. ¿Qué esposo no querría que su esposa estuviera triste de que él ya no estuviera con ella? No tiene nada de sentido. Cuando evitamos hacer público nuestro duelo, nos aislamos de las fuentes de apoyo y de aliento. El evitar llorar, sin embargo, no solo afecta nuestro estado emocional. También es nocivo para el cuerpo.

Antes de que hablemos de por qué llorar es una parte valiosa de la experiencia del duelo, debo aclarar algo. Dios diseñó a cada persona de manera única, y llorar no es parte natural del rango emocional de cada una. Me casé con un hombre a quien se le pusieron los ojos llorosos solo unas cuantas veces durante nuestros casi veinte años de matrimonio. Al reflexionar sobre mi propia vida, no recuerdo haber llorado ni una sola vez en público antes de la muerte de Rob. Me salían lágrimas en las graduaciones de preescolar y en las películas tristes, pero nada de mi composición emocional indicaba que lloraría en los estacionamientos y sollozaría en la iglesia cuando mi esposo falleciera.

Cuando hablamos de los beneficios de llorar en el duelo, debemos hacerlo sin perder de vista esos mitos acerca del duelo que discutimos en el capítulo 2. Debido a que a menudo tienen una manifestación externa, las expresiones emocionales en el duelo pueden codificarse con facilidad. Después de todo lo que hemos hecho para desmantelar esos mitos inútiles, ¡no quiero reconstruirlos aquí! Las formas en las que tú expresas tu duelo son exclusivamente tuyas. De modo que las expectativas culturales sobre llorar o no llorar no tienen ni que determinarlas ni dirigirlas. En la expresión de tu pérdida en tu cuerpo, debes saber que tienes a tu disposición la plenitud de la expresión emocional, ya sea que decidas usarla o no. Espero que explores ese rango por lo menos una vez al familiarizarte con tu compañero, el duelo. Expongo a continuación el porqué.

Durante cientos de años, la creencia popular nos ha dicho que nos sentiremos mejor después de un «buen llanto». Aunque los científicos sociales entusiastas han intentado establecer conexiones entre la composición química de las lágrimas emocionales y el beneficio fisiológico, la verdad es que en sí no sabemos cómo beneficia al cuerpo el llanto. Aun así, sabemos algunos hechos. Llorar tiende a disminuir nuestro ritmo cardíaco y puede hacer más lenta la respiración, dos indicadores de mitigación del estrés. Llorar puede agotar nuestro cuerpo y llevarnos a descansar. Debido a que es una expresión externa, el llanto puede indicarles a los demás que necesitamos atención, lo cual nos ofrece una conexión emocional vital. En ocasiones, uno se siente peor después de llorar: duele la cabeza y hay una sensación de agotamiento. En otras ocasiones, se siente una liberación. Se siente alivio de cualquier pesar.

Si bien la ciencia todavía tiene mucho que aprender sobre el llanto, puede ser una expresión de duelo que te resulte útil al procesar la ausencia de tu ser querido. Pero no te preocupes por no ser normal si nunca derramas una lágrima. No te sientas presionado a actuar de una manera que no te parezca natural. Tú y el duelo tienen una relación íntima ahora, por lo que puedes decidir expresar esa relación de una manera que te resulte cómoda.

EL DUELO NO ES SOLO TRISTEZA

Mi abuela Betty se entregó con amor desinteresado a mi abuelo, su amado Hans, en los últimos años de su vida. El párkinson y el alzhéimer carcomían a paso lento al hombre que había conocido tan entrañablemente. Su muerte fue un prolongado y triste adiós.

Cuando llegó la muerte de Hans, Betty estaba exhausta y lista para descansar. Aunque sintió un duelo profundo por la muerte de su esposo, también se sintió aliviada. Ella también había peleado la buena batalla y había terminado su curso de cuidados. Había sido un honor difícil y doloroso cumplir sus votos matrimoniales hasta el final.

El duelo no es tan simple y sin complicaciones como la mera tristeza. Ya sea que tu relación con tu ser querido haya sido cercana o complicada, ya sea que la pérdida haya sido repentina o anticipada, es probable que experimentes una amplia gama de reacciones emocionales al caminar con el duelo. Después de la pérdida, todas nuestras emociones se filtran a través del lente de la muerte de nuestro ser querido. Si has sido cuidador, como lo fue Betty, es posible que hayas experimentado un duelo anticipatorio durante el cuidado y que descubras que te sientes aliviado o liberado cuando termina el funeral. Si tu relación con tu ser querido se ha debilitado a lo largo de los años, es posible que experimentes arrepentimiento o decepción.

El duelo no es tan simple y sin complicaciones como la mera tristeza. Ya sea que tu relación con tu ser querido haya sido cercana o complicada, ya sea que la pérdida haya sido repentina o anticipada, es probable que experimentes una amplia gama de reacciones emocionales al caminar con el duelo.

Al enfrentarte a esas emociones diversas, puedes aprender a enfrentar todos los sentimientos con compasión y comprensión como partes naturales de la experiencia del duelo. Puedes aprender cuándo y cómo compartir tus emociones de tal manera que te brinden alivio y salud y que fortalezcan las relaciones con quienes te apoyan. Puedes aprender a darle voz al duelo y forma a su narrativa.

Pasé casi quince años enseñando en entornos que variaban desde clases de educación en el hogar hasta seminarios universitarios. Si bien estaba entusiasmada con mi materia, no tardé

Don reflexiona sobre la muerte de su hijo:

Mi esposa y yo perdimos a nuestro hijo mayor, el único varón, cuando él tenía veintiún años. Apenas unas semanas después de la muerte de Ian, asistimos a la fiesta de Navidad del personal de la iglesia grande donde trabajaba. Un rompehielos comenzó la velada, y cada uno de nosotros escribió en la etiqueta con su nombre una emoción actual que estábamos sintiendo «durante esta temporada navideña». Luego, teníamos que caminar por la habitación y compartir esa emoción con otras dos personas.

Solo para seguir el juego, escribí «Paz». Mi esposa me tocó el hombro. Di la vuelta y vi la etiqueta con su nombre pegada a su suéter. Decía «Desconsuelo». Debajo de la palabra había una cara sonriente y un árbol de Navidad. Me eché a reír. Todos en la sala nos miraron. El pastor principal dijo: «Oigan, ustedes dos, se están divirtiendo demasiado, y nuestra fiesta de Navidad apenas ha comenzado».

Mi esposa se quitó la etiqueta de su suéter y la reemplazó por otra en la que había escrito «Esperanza». La primera etiqueta con su nombre había sido solo para mí. Consiguió en mí exactamente lo que pretendía: que me riera mucho. En nuestro profundo dolor, el duelo y la alegría convivieron de manera inexplicable. Aprendimos a aceptar ambos y a vivir con el misterio.

en aprender que la gestión del aula sería una parte importante de mi trabajo. Para dirigir un aula con éxito, tenía que involucrar a los estudiantes en una conversación y moderarla según se desarrollara en el transcurso de un período de clase. Cuando se trata de involucrar a tus emociones en el duelo, creo que un salón de clases es la imagen visual perfecta para ayudarte a ver cómo encajan los diversos sentimientos que experimentas.

Imagínate un aula en tu interior. Tus emociones (enojo, decepción, esperanza, alegría y más) se sientan en filas o alrededor de la mesa de conferencias. Todas tienen algo que decir. Si tu relación con tu ser querido estuvo plagada de conflictos, tal vez la frustración hable más fuerte. Habla sin levantar la mano. A veces pierde la calma en momentos inesperados. Tiene argumentos válidos que expresar, pero suele dominar la conversación. Por otro lado, tal vez sientas la pérdida tan profundamente que no tiene palabras. La soledad se siente en la primera fila del aula de tu corazón con la cabeza sobre su escritorio. A lo largo del día, se queda sentada en la misma posición, llorando en silencio con la cara entre sus manos.

Tómate un momento para imaginar el aula de tu corazón. ¿Quién se sienta en la primera fila? ¿Quién exige ser escuchado? ¿Quién apenas y puede levantar una mano para responder cuando es llamado? ¿Quién irrumpe cuando comienza la clase y, malhumorado, deja caer sus libros al suelo mientras se deja caer en la fila de atrás?

Todo buen profesor te diría que cada voz en el aula es importante. El educador tiene el honor y la responsabilidad de estimular las voces silenciosas, amplificar las que no se escuchan y moderar a quienes hablan en voz alta y constante. Las conversaciones más dinámicas ocurren en el aula cuando todos participan. Hay una hermosa sinergia que se produce cuando las voces individuales se unen, cuando enseñan y aprenden las unas de las otras. Así como esto sucede en un gran salón de clases, puede sucederte a ti en el duelo.

Quiero que sepas que todas las emociones que experimentas en el duelo son normales y pueden contribuir de manera constructiva a procesar tu pérdida. De hecho, creo que necesitamos todas nuestras emociones para poder reconocer plenamente nuestra pérdida. Es frecuente que las emociones que contenemos o reprimimos sean las que nos ofrecen mayor sabiduría cuando las permitimos y las escuchamos con compasión. Al encontrarte con las dimensiones emocionales de tu pérdida, este será tu gran desafío y honor: recibir tus emociones como un regalo de Dios y permitirles ayudarte a integrar tu pérdida en la persona en la que te estás convirtiendo. Tú puedes adaptarte a la compañía del duelo al invitar a todas tus emociones a orientar tu vida. Si necesitas apoyo, invita a un amigo de confianza o a un consejero de duelo a acompañarte a escuchar tus emociones.

REBOTANDO DE UN LADO A OTRO

Cuando los psicólogos Margaret Stroebe y Henk Schut estudiaron el duelo, se percataron de la naturaleza no lineal de las respuestas emocionales que las personas tenían después de perder a sus seres queridos. Al abandonar la imagen del modelo de acción que va de la negación a la aceptación, Stroebe y Schut desarrollaron el Modelo de Proceso Dual, una teoría que usa diagramas de Venn para cuando se afronta el duelo, describiendo lo que a ellos les pareció una mejor imagen de cómo se comporta el duelo en realidad. Cuando lidiamos con la pérdida, dijeron Stroebe y Schut, rebotamos de un lado a otro entre las emociones orientadas a la pérdida y aquellas orientadas a la restauración. Nuestras emociones en ocasiones nos permiten procesar todo lo que se ha ido. En otras, nos llevan hacia adelante en la vida después de la pérdida[4].

Los cristianos hemos leído, orado y cantado según este modelo dual de procesamiento durante milenios al estudiar los Salmos. Cuarenta y dos cantos de lamento aparecen en los Salmos, todos con ese enfoque de pérdida y restauración. En el lamento bíblico, mantenemos unidas la acusación y la confianza, la tristeza y la alabanza. En esos salmos, vemos que Dios nos recibe para compartir todo lo que sentimos, incluso cuando nuestras emociones no están limpias y vestidas con sus mejores galas dominicales. Aún mejor, nuestras emociones no tienen que seguir una trayectoria sin complicaciones de la desesperación a la esperanza. Tan solo la cantidad de salmos de lamento nos dice que es un proceso dual en el que estaremos involucrados por el resto de la vida. El vaivén que sientes en el duelo se refleja en las Escrituras. Es una parte normal del camino espiritual.

Ya sea que uses los salmos de lamento como tu guía o que te imagines el aula de tu corazón llena de muchas voces, la intención es la misma. Un procesamiento emocional saludable requiere que involucremos todas las emociones que necesitan encontrar su voz e invitar a Dios a estar presente en la conversación. Cuando experimentas alegría, el duelo puede darte una punzada y recordarte tu pérdida. Puedes enfurecerte, desesperarte y regocijarte, todo durante las mismas veinticuatro horas. La madre de una joven que murió en un accidente de tránsito por conducir en estado de ebriedad canalizó sus frustraciones por la pérdida en actividades orientadas a la restauración cuando fundó MADD, Mothers Against Drunk Driving (Madres Contra la Conducción en Estado de Ebriedad).

¿Recuerdas que en el capítulo 4 hablamos de seguir adelante y soltar? De seguro querrás aplicar esa misma sabiduría aquí. Al entender que siempre estás rebotando de un lado a otro entre sobrellevar el duelo con orientación a la pérdida y sobrellevarlo con orientación a la restauración, puedes dar un paso al frente en el aula de tu corazón y tomar las riendas. Profundicemos un poco más aquí y veamos el miedo como ejemplo.

ESCUCHANDO AL MIEDO

Un roce con la muerte casi siempre provoca algún tipo de miedo. Si tu ser querido murió de manera repentina, es posible que batalles con pensamientos catastróficos. *¿Qué cosa terrible pasará ahora?* Si observaste cómo la vida de tu ser querido se desvanecía poco a poco, es posible que albergues temores en cuanto a tu propia salud, en cuanto a tu vida ahora sin él o ella. Es posible que reprimas tu duelo por miedo a sentirte abrumado en lo emocional. El miedo puede manifestarse en tus decisiones de vida después de la pérdida, en tus hábitos alimenticios o en tus relaciones. La muerte es algo aterrador, y es una reacción humana normal sentir miedo.

Después de la muerte de Rob, luché con el miedo de varias maneras. Temía morir y dejar a mis hijos sin padres. Le conté a Dios cuánto temía guiar a mi familia sin mi esposo, lo asustada que me sentía por haberme convertido en un instante en el sostén de mis hijos. Todos mis temores eran razonables. La vida había sufrido un cambio drástico, y todo parecía caótico. El miedo era un estudiante en el aula de mi corazón. Estaba de pie sobre el escritorio y agitaba los brazos en el aire, gritando: «¡Ayúdenme! ¡Ayúdenme!». Si iba a encontrar una manera saludable de caminar con el duelo, tendría que descubrir cómo ocuparme de esa voz fuerte en mi vida.

Silenciar esa voz no mejoraría las cosas, así que comencé a abordar mi miedo con compasión y un oído atento. Lo que descubrí me sorprendió. Cuando escuché, el miedo reveló mi desconfianza en el mundo y mis inseguridades en cuanto a mí misma. El miedo me mostró cuán blanco y negro solía volverse mi pensamiento en tiempos de crisis. A pesar de que confiaba en la bondad y en el poder de Dios en mi vida, el miedo, al igual que en el caso de Pedro, solía desviar mis ojos de Jesús, quien me hacía señas para que avanzara hacia las aguas turbulentas debajo de mí.

Si seguir adelante con nuestras emociones significa escucharlas, soltarlas requiere saber cuándo han durado suficiente tiempo o no describen la situación con precisión.

Al sintonizar mi oído a la voz del miedo, comencé a escucharla hacer eco detrás de otras voces de mi vida. ¿La rabia que sentía? Ese era «el miedo que ha llegado al punto de ebullición», por tomar prestada la frase de la periodista Caitlin Moran[5]. ¿La soledad que yo a veces pensaba que me iba a ahogar? Eso también era miedo: miedo a volverme insignificante, miedo a no ser amada, miedo a ser olvidada. Al involucrar mis momentos de miedo orientados a la pérdida, en realidad pude entender mejor mi duelo.

Si seguir adelante con nuestras emociones significa escucharlas, soltarlas requiere saber cuándo han durado suficiente tiempo o no describen la situación con precisión. Cuando el miedo de mi duelo hablaba, yo a veces me daba cuenta de que se desviaba, por lo que aprendí que tenía que hablar en voz alta. ¿Era cierto que nadie me amaba porque no me habían llamado ese día? ¿Era cierto que estaba en peligro cuando vivía en un tranquilo pueblo rural con vecinos que se cuidaban los unos a los otros? ¿En realidad debía acercarme a Dios con sospecha cuando él me había sostenido con tanta fidelidad hasta entonces?

Conforme me acostumbré a atender a mis emociones, descubrí que podía oscilar naturalmente entre la pérdida y la restauración. Estaba bien que en ocasiones le pidiera al miedo cortésmente que tomara su asiento. Había contribuido bastante a la conversación, muchas gracias, pero ahora era el momento de un respiro. No tenía ni que forzar una sonrisa ni superar los momentos difíciles. Podía sentirlos en su plenitud y luego dejar que la emoción llegara al máximo y se desvaneciera naturalmente en un momento de más frivolidad. Podía darle mis temores a Jesús porque sabía que él era suficiente para cuidarme.

El miedo para mí no siempre fue una emoción orientada a la pérdida. En ocasiones, me impulsaba hacia la actividad restauradora. Mis temores del futuro me llevaron a completar un certificado de posgrado en administración de organizaciones sin fines de lucro, un campo profesional que había dejado unos años antes. Encontré una nueva confianza al saber que, una vez más, mis habilidades estaban actualizadas en caso de que las necesitara. Mis temores a la soledad me obligaron a salir de mi introversión natural para desarrollar nuevas relaciones. Descubrí nuevos amigos en lugares donde no los había anticipado, y fortalecí viejas amistades, incluso a través de kilómetros de distancia. En ocasiones, escuchar al miedo me dio la motivación necesaria para intentar vivir de nuevo.

Mi historia no es tan diferente a la tuya. Sospecho que el miedo es la causa de muchas de las emociones que experimentas después de una pérdida, a la espera de poder hablar. Puede que el miedo no sea la voz más fuerte en el aula de tu corazón. Tal vez sea el enojo, la soledad o el resentimiento. Sea cual sea esa voz, te animo a que la escuches. Tu duelo tiene cosas importantes que decir. Según le permitas a Jesús revelártelas en tu dolor, te darás cuenta de que puedes moverte entre la pérdida y las emociones restauradoras con más aceptación.

OTRAS VOCES EN EL AULA

Una gran cantidad de factores estresantes se ciernen sobre nosotros después de la muerte de un ser querido, por lo que los momentos de ligereza pueden o alivianar o, para sorpresa nuestra, aumentar el peso. Cuando comprendas que salir adelante y soltar es el ritmo normal del duelo, puedes liberar incluso la culpa y la verguenza que quizás sientas en esos momentos y, en cambio, vivirlos en su plenitud. La vida con el duelo siempre tendrá un sabor agridulce. La ruidosa y feliz fiesta de cumpleaños de tu hijo te hará reír y, al mismo tiempo, hará que se te pongan llorosos los ojos cuando pienses en el hermano o la hermana que no está allí. Las bromas de la sobremesa te animarán y te harán callar al recordar la voz que solía elevarse por encima del resto o que soltaba una broma oportuna.

La alegría no anula la tristeza. Lo sabemos con certeza. Al mismo tiempo, hay que reconocer que también funciona al revés. La tristeza no anula la alegría. Tu vida después de una pérdida admite ese misterio de nuestro diseño milagroso: somos capaces de una experiencia emocional compleja. Del mismo modo que le prestas atención al miedo, a la ira o a la decepción, asegúrate de escuchar también a la esperanza y a la alegría. Permite que ellas también hablen en el aula de tu corazón.

Cuando mi hija mayor comenzó a buscar universidades, la animé a buscar una institución que se enfocara en la diversidad y el equilibrio de género en su población estudiantil. Al haber asistido a un seminario donde yo, a menudo, era la única mujer en el salón, sabía lo importante que era tener una variedad de voces representadas. Mi experiencia de posgrado había sido más rica gracias a los estudiantes de Asia, África y América del Sur sentados a mi lado en el aula, por lo que quería que mi hija recordara cómo la diversidad étnica y el equilibrio de género podían ofrecerle un entorno educativo más amplio y completo.

Te daré el mismo consejo, querido lector, cuando se trata de lidiar con tus emociones en la pérdida. Siente el dolor en lo profundo. Expresa la desesperación, la duda, la ira, el agotamiento. Cuando recuperes el aliento, inhala profundamente la esperanza. Escucha el susurro silencioso de la posibilidad. Bebe profundamente las ricas palabras de alegría que te ofrecen las Escrituras... no en el aislamiento de tu sufrimiento, sino en la presencia de él. Explora toda la gama emocional que Dios te ha dado para expresar tu duelo. Al escuchar el duelo y el dolor que te acompaña, deja que el valor, la esperanza y la valentía hablen también.

PARA REFLEXIÓN

1. ¿Qué sientes al saber que tu capacidad para el duelo es un diseño dado por Dios?
2. ¿Te ayuda llorar? ¿Por qué sí o por qué no?
3. Dibuja tu propio diagrama de Venn de emociones y actividades orientadas a la pérdida y la restauración. ¿Qué encaja en cada categoría? ¿Cómo te ayuda el visualizar tu duelo así a aceptar los cambios frecuentes que experimentas en tus emociones?
4. Menciona cinco miedos que tengas relacionados con tu duelo. Recuerda indagar en otras emociones para encontrar el miedo que podría estar escondido allí.
5. ¿Cómo puede ofrecerte esperanza el retroceder tus pasos al avanzar en tu vida después de la pérdida?

CAPÍTULO 7

Noches oscuras bajo las estrellas: En busca de respuestas espirituales a la pérdida

[No es] que corra mucho peligro (según creo) de dejar de creer en Dios. El verdadero peligro es llegar a creer esas cosas terribles de él. La conclusión que temo no es: «Entonces, después de todo, no hay Dios», sino: «Así es como Dios es en realidad. Ya no te engañes».

C.S. LEWIS, *A GRIEF OBSERVED* (*UNA PENA EN OBSERVACIÓN*)

Noemí se puso de pie y trazó círculos en la tierra con el pie. Unas líneas profundas marcaban su rostro curtido. Volvió a patear el suelo polvoriento y levantó los ojos. ¿Cuántas veces había ensayado esa escena después de la muerte de Elimelec, su esposo? ¿Cuántas veces se había despertado por la noche para recordarse que una muerte no podía ocasionar otra? Aun así, allí estaba de nuevo, junto a la tumba, llorando a dos hijos que se habían ido demasiado pronto.

Después de la muerte de Elimelec, Noemí había vivido en duelo profundo. Durante muchos años, él había sido su seguridad, su hogar lejos de casa en esa tierra extranjera. Lamentaba sus años en Belén antes de que la hambruna los expulsara.

Lamentaba el viaje que los había alejado de su familia, los kilómetros que ahora la separaban de la comodidad de su patria. Lloraba al recordar toda una vida de momentos comunes y corrientes que habían compartido como pareja, cuando iniciaron una nueva vida en un nuevo lugar. A pesar de que habían añorado de nuevo las colinas de Judea, Elimelec y Noemí habían llegado a amar su nuevo hogar en Moab. Ese lugar extranjero estaba entrelazado en todos sus recuerdos de los años de infancia de sus hijos.

Noemí se apoyó aún más en sus hijos después de la muerte de Elimelec. Mahlón y Quelión la habían amado bien durante su luto. Cada uno cargó con su propio dolor, y juntos los tres lloraron a Elimelec con una intimidad que solo ellos podían entender. Su muerte unió sus corazones, y ese vínculo sostuvo a Noemí en sus días más oscuros.

Con sus hijos y sus esposas, Rut y Orfa, Noemí había construido una nueva vida, la vida de una viuda, llena de nuevas personas y nuevas actividades, junto con un duelo que nunca se encogió, incluso cuando su vida nueva creció alrededor de él. Al principio, los años pasaron. Cada festival, cada mes era un doloroso marcador de la ausencia de Elimelec. *Él tenía que haber estado aquí*, evocaba Noemí con tristeza en cada celebración y cada cosecha que iba y venía.

Poco a poco, casi imperceptiblemente, su vida comenzó a abrirse. La esperanza brilló en el horizonte. Elimelec se había ido, pero Noemí vio que la vida podía y debía continuar. Sus hijos la querían mucho. Sus nueras la habían aceptado con amabilidad. En el refugio de su amor, ella podría empezar de nuevo. La tristeza que había marcado esos primeros años después de la muerte de Elimelec comenzaba a sentirse menos aguda. Tal vez Dios volvería a hacer resplandecer su rostro sobre ella.

Justo cuando había empezado a confiar, ¡aquel horror! No uno, sino sus *dos* hijos se fueron. Solo había transcurrido una década desde que había llegado a ese lugar. Ahora sus hijos yacían bajo la tierra junto a su padre. Toda su familia, toda su vida, estaba enterrada, muerta. Después de la muerte de Elimelec, Noemí le había implorado al Señor: *Me lo arrebataste, pero no me quites a mis hijos.* Tal vez Dios no había escuchado sus gritos. Tal vez él tenía otros planes. Tal vez a él simplemente no le importaba lo que le pasaba.

La amargura comenzó a crecer en su corazón. *¿Cómo pudo suceder eso? Elimelec, y ahora también Mahlón y Quelión.* ¿Dónde estaba Dios? No quedaban rastros de esa vida que habían establecido juntos frente a las colinas de Moab. El sol que le calentaba la espalda le recordó su sed, una ironía que no se le escapaba. Ninguna corriente de aire terrenal podía satisfacer su corazón reseco. *Será mejor que me llamen Mara*, pensó con ironía. *La que está llena de agua amarga.*

NOEMÍ, UNA GUÍA PARA EL DUELO

Me pregunto si, desde que tu ser querido murió, te has sentido como Noemí: destrozado, abrumado, pisoteado por las penas de la vida. ¿Te has preguntado si Dios después de todo *sí* te da más de lo que puedes soportar? ¿Te has preguntado si él es bueno o incluso si él existe? ¿Has anhelado la vida y el Dios que conocías? Si es así, Noemí es la mujer para ti.

Hay un sinfín de personajes de las Escrituras a quienes podríamos acudir para tener una discusión de las dimensiones espirituales de la pérdida. Job sufre en justicia. Por su parte, Ana espera con tristeza pero con paciencia. Noemí, por otro lado, recorre su viaje de duelo con mucha menos delicadeza. Es precisamente por eso que ella me agrada. Cuando tus argumentos teológicos se agotan y tu paciencia se convierte en urgencia ansiosa, necesitas que una mujer como Noemí te diga las cosas como son. Cuando se trata de buscar respuestas espirituales, Noemí es una excelente guía para el duelo.

En los cuatro breves capítulos del libro de Rut, nos encontramos con una mujer deshecha por el dolor por completo. Noemí no oculta lo que siente por Dios y lo que siente que él le ha hecho. Se siente abandonada e ignorada, así que no solo lo expresa en su cabeza, sino que se los dice en voz alta a sus amigas. Supuestamente, a cualquiera que la escuche.

Si somos sinceros, nos hemos sentido así más de una vez desde que el duelo se convirtió en nuestro compañero. Ya sea que hayamos seguido a Jesús durante años o que la muerte nos haya impulsado por primera vez a explorar sus afirmaciones, todos nos hemos preguntado dónde está Dios en medio de todo. Cuando me conecto con personas que están en duelo, una y otra vez me dicen que sienten que Dios está lejos. Parece que Dios guarda silencio. Seré sincera y diré que a veces no sé qué decir. Yo también me he sentido así, y sé que la tristeza de nadie se alivia al ofrecer capítulos y versículos de la Biblia para afirmar una verdad que ni opaca la tristeza ni borra la duda.

Por eso aprecio a Noemí. Ella revela los lugares que tememos admitir que existen en la vida espiritual, incluso en la oscuridad del dolor. Muchos cristianos sienten que no pueden estar en duelo porque creen en el cielo y en la esperanza que proviene de estar unidos después de la muerte con el ser querido que han perdido. Les preocupa acercarse demasiado a la tristeza, a la desesperación y al enojo, sentimientos «negativos» que les han enseñado que los cristianos deben evitar. Así como nuestra cultura usa frases trilladas para aminorar el impacto de la muerte, solemos tergiversar o simplificar las verdades espirituales en un intento de ofrecer el mismo consuelo. Decimos cosas como:

- «Alégrate. Ella está en el cielo».
- «Todo eso era parte del plan de Dios».
- «Dios de seguro te tiene algo mejor».
- «Dios de seguro necesitaba un ángel».

Todo eso suena vacío. ¿Por qué? Porque simplemente no es verdad. Es, en el mejor de los casos, una simplificación exagerada y, en el peor de los casos, absolutamente herética. A nuestros seres queridos que se han ido al cielo se les puede y debe llevar en duelo. Incluso para los creyentes más fieles, los planes de Dios seguirán estando envueltos en misterio. Sus intenciones no son una máquina de reacciones en cadena de Rube Goldberg. Por lo que nadie —lee bien: *nadie*— se convierte en ángel cuando muere. Esas son verdades espirituales que se han tergiversado peligrosamente, por lo que su sensiblería de tarjetas de Hallmark no nos sostiene. Por fortuna, hay algo mejor.

Así como Dios escribió la historia de Noemí, escribe la tuya y la mía. La sinceridad con la que Noemí enfrenta su pérdida, su lucha, sus dudas y su desaliento, todo eso es parte natural de lo que es perder a alguien que amamos. Incluso cuando tú crees que la Palabra de Dios es verdadera y fiel, la muerte duele tanto.

Y está es la mejor parte. Dios no nos ama menos por nuestras dudas de su bondad. No pierde la paciencia cuando nuestras preguntas se hacen interminables. No le ofende nuestro enojo. Vemos en la historia de Noemí que Dios no retiene la felicidad futura porque luchemos por aferrarnos a sus promesas en lo más profundo de nuestro dolor. Las promesas de Dios para Noemí —y, sí, para ti y para mí también— siguen siendo verdaderas y fieles, incluso cuando sentimos que nuestro mundo ha explotado.

LOS BUENOS CRISTIANOS SE ENTRISTECEN

Unas cuantas semanas después de la muerte de Rob, una desconocida bien intencionada me envió una nota que decía: «Ahora Dios es su esposo». No tengo duda de que sus palabras tenían la intención de animarme. Pero fue, sin lugar a duda, la verdad espiritual más dura que recibí en esa delicada época. Yo no deseaba a Dios. Deseaba a *Rob*. Mejor dicho, deseaba a Dios *y* a Rob. Como dijo Elisabeth Elliot acerca de la muerte de Jim: «La presencia de Dios conmigo no era la presencia de Jim. [...] La presencia de Dios no cambió el terrible hecho de que yo era viuda»[1].

A partir de narraciones del Antiguo Testamento como la de Noemí, pasando por los salmos de lamento y llegando hasta Jesús clavado en la cruz, la Biblia nos invita a sentarnos en la intersección del dolor y la fe. A menudo creemos, sin embargo, que los buenos cristianos, cuando se enfrentan a pruebas, cantan con alegría sin ninguna preocupación. Cuando se enfrentan a la pérdida, los buenos cristianos pasan con facilidad de sus seres queridos terrenales a los brazos del Esposo mismo.

Cantamos: «¿Cómo podré estar triste? ¿Cómo en las sombras ir? [...] Si él cuida de las aves, cuidará también de mí». Por lo que cubrimos nuestros anhelos tan humanos con una mortaja espiritual, destinada a enterrarlos en lo profundo de nuestro ser.

Quiero decirte de manera simple y clara: los buenos cristianos se entristecen. Los buenos cristianos lloran, hacen luto, se lamentan y se quejan. Los buenos cristianos dudan y se enojan. No tenemos que presentarnos con nuestras mejores galas dominicales cuando la vida se siente aplastada. Podemos vivir toda la gama de las emociones ante Dios con sinceridad y confianza. Más glorioso aún, nuestras preguntas, nuestras dudas, nuestro enojo y nuestra frustración se pueden convertir en nuestra santa ofrenda a Dios, nuestro testimonio de compromiso con él, incluso cuando cuestionemos lo que está haciendo con nuestro sufrimiento.

Quiero decirte de manera simple y clara: los buenos cristianos se entristecen. Los buenos cristianos lloran, hacen luto, se lamentan y se quejan. Los buenos cristianos dudan y se enojan. No tenemos que presentarnos con nuestras mejores galas dominicales cuando la vida se siente aplastada. Podemos vivir toda la gama de las emociones ante Dios con sinceridad y confianza.

¿Es necesario que eso tenga un aspecto elegante y refinado? Por supuesto que no. Salmo 55:22 nos invita así: «Entrégale tus cargas al Señor», aunque la imagen que pinta el hebreo original aquí no es la de un Monet tranquilizador. La palabra *entrégale* significa, literalmente, arrojar o lanzar. Cuando sufres, Dios no te invita al decoro del domingo por la mañana, sino a un auténtico caos de pintura de acción de Jackson Pollock. ¿Te sientes agobiado por la decepción con Dios? Arrójasela. ¿Batallas con preguntas espirituales que no puedes responder? Lánzaselas. El Salmo 55:22 te invita a arrojarle a Dios todo lo que tienes —tu desdicha, tu soledad, tu sensación de abandono— con esta asombrosa promesa: «Él cuidará de ti». Él te nutrirá. Cuando tus botes de pintura de desdicha al fin se sequen y tu fuerza frustrada se derrita en una tristeza agotada, Dios seguirá allí, listo para ofrecerte todo lo que necesitas.

¿Todavía no estás seguro? Sentémonos con Noemí y veamos cómo todo eso se relaciona con su fe. ¿Qué hace uno cuando la persona en la que había confiado se siente terriblemente ausente en medio del dolor?

LUCHANDO CON DIOS

Noemí realiza cuatro acciones importantes en el libro de Rut que estoy convencida te serán útiles al enfrentarte a tus propias luchas con Dios: mantiene abierta la línea de comunicación espiritual, se lamenta, escucha en el silencio y da un paso adelante con fidelidad. Con el duelo como su compañero, Noemí encuentra su camino hacia una fe y un propósito renovados. Creo que tú también puedes hacerlo.

El camino de Noemí hacia el florecimiento comienza de la manera en que inician todas las relaciones saludables: con una comunicación abierta y sincera. Noemí no se anda con rodeos en cuanto a cómo se siente al mirar los escombros de su vida. Se siente abandonada por Dios y no tiene miedo de decirlo en voz alta. «El SEÑOR mismo ha levantado su puño contra mí», se queja con frustración[2]. Cuando llega a su casa de Belén, sus antiguas amigas se apresuran a saludarla con entusiasmo. ¿Cómo recibe Noemí su bienvenida? «El Todopoderoso me ha hecho la vida muy amarga», exclama[3]. Qué triste saludo.

No cabe duda de que la lucha de Noemí con Dios hace que sus amigas se sientan incómodas. Ninguna de las frases trilladas espirituales parece funcionar. Al «Dios abrirá un camino» de ellas, Naomi se dice quejándose: «El SEÑOR me ha traído vacía»[4]. Al «Dios nunca nos da más de lo que podemos soportar», Noemí grita: «El Todopoderoso ha enviado semejante tragedia sobre mí»[5]. ¡Todo eso dicho por la mujer que había regresado específicamente a Belén porque había oído que Dios estaba obrando allí! Había regresado a la Casa del Pan, donde Dios alimentaba a su pueblo en medio de la hambruna. *Seguro que él también me dará de comer*, pensó. Aun así, ¡tuvo la osadía de decir en voz alta que él la había tratado mal!

Podemos adelantarnos al final de la historia y ver que, con el tiempo, Noemí hace las paces con Dios. En ese momento, sin embargo, se revela la verdad de la profunda pérdida de Noemí y la realidad de su profunda fe. En su agudo duelo, se siente abandonada por el Dios que había amado y seguido, y sabe que él es lo suficientemente capaz como para lidiar con el enojo, la frustración y la desesperación de ella.

Cuando se trata de batallar con preguntas espirituales en el duelo, sigue el ejemplo de Noemí y mantén abiertas las líneas de comunicación. Habla con Dios, incluso si no sientes que él está presente... *en especial* si crees que no está presente. No

Jackie reflexiona sobre la muerte de su esposo:

Parecía que el control era un tema que se había infiltrado a lo largo de mi viaje con el duelo, el cual comenzó con el diagnóstico de cáncer de mi esposo en el 2004 y siguió durante los siguientes siete años y medio. Mi tristeza era no solo anticipar el final de la vida, sino hacer duelo por los sueños, los viajes y la familia mientras seguía cuidando a mi esposo. Este año hubiera sido nuestro quincuagésimo aniversario de bodas, por lo que es un momento para reflexionar y reorientarme hacia donde Dios me está dirigiendo.

Soltar algo no es un asunto que se me dé bien. Siempre he atesorado a las personas y las posesiones con pasión. Pensaba que eran mías para cuidarlas y amarlas. El diagnóstico de cáncer cerebral en etapa IV de mi esposo me recordó que, sin importar cuánto lo amara o me preocupara por él, Dios había ordenado sus días y los míos. Al ver esa sentencia de muerte a la cara, me di cuenta de que debo desaferrarme de las personas y las cosas de este mundo porque son muy temporales. Tengo que aferrarme a la mano de Dios y a sus promesas porque son eternas.

es necesario que tengas palabras de felicidad o de esperanza. Solo debes tener palabras sinceras. «Un espíritu quebrantado, un corazón quebrantado [...] Dios no despreciará esa ofrenda si eso es todo lo que puede ofrecer»[6]. Si puedes, busca a un amigo que se comprometa a hablar con Dios contigo o a tu lado. Hazle saber que estás batallando y pídele que te lleve ante el Dios que te preguntas si todavía se preocupa por ti.

SÁCALO TODO

Solía salir a cenar con una amiga apreciada una vez al mes cuando éramos madres jóvenes. Mientras nuestros esposos cuidaban a los niños, nos sentábamos con vino y una deliciosa comida italiana y conversábamos hasta que el restaurante cerrara. En nuestro lugar favorito, mi amiga a menudo devolvía su comida a la cocina después de que llegaba a nuestra mesa. La comida estaba fría o el chef no había preparado el plato sin gluten, como ella lo había pedido. Ella quería que lo hicieran bien.

Como soy complaciente y evito conflictos, al principio pensaba que sus requisitos eran un poco desconsiderados. Aunque ella siempre era educada y amable, yo no creía que estuviera bien quejarse en lo más mínimo. Cómete la cena fría y no regreses. Pero ¿pedirle al chef que corrija el error? Eso no me sentaba bien en el estómago.

Con el paso de los años, y muchas cenas juntas, me di cuenta de que era *yo* quien se equivocaba. Mi amiga era pródiga en elogiar una buena comida y estaba comprometida con el florecimiento de los demás. Colmaba de elogios a sus restaurantes locales favoritos y era fiel en frecuentarlos. Hablaba con los meseros y cocineros con la simpatía y el conocimiento de una crítica gastronómica y superfanática. Había trabajado en planeación de eventos y servicio de alimentos, por lo que sabía que los restaurantes operaban con un estrecho margen de ganancia. La mayoría no podía permitirse el lujo de servir una mala comida. Sus quejas por la comida fría no tenían la intención de humillar a nadie. La realidad era que su lamento por una mala comida mostraba que le importaba el éxito del restaurante.

Si lees el libro de Rut, puedes empezar a sentir que Noemí

es una verdadera Nellie negativa, hasta que entiendes la función del lamento bíblico. Mark Vroegop escribe: «El lamento es el lenguaje de un pueblo que cree en la soberanía de Dios, si bien vive en un mundo con tragedias. [...] Parte de la razón por la que es difícil es que creen en las promesas de las Escrituras. Se esfuerzan por confiar en esas promesas a través de las lágrimas»[7]. Nuestras quejas —la vida que queremos devolver a la cocina de Dios para que la preparen de nuevo— pueden funcionar como actos de confianza.

Cuando te comprometas a mantener abiertas las líneas de comunicación, siéntete en libertad de sacarlo todo. Desahógate. Quéjate como Noemí. Pídele a Dios una comida diferente, no más lágrimas como alimento día y noche, sino una vida donde abunden el grano y el vino nuevo. Cuéntale tus frustraciones y temores. Explícale todas las formas en las que tus esperanzas y sueños se sienten aplastados. Hazle todas las preguntas que anhelas que te responda.

Es frecuente que los cristianos sientan que esas preguntas están prohibidas o que revelan una debilidad en la fe. Después de la pérdida de un ser querido, muchas personas luchan con la naturaleza del pecado y la maldad o con el problema del dolor. Tú puedes cuestionar el carácter de Dios o la posibilidad de la vida después de la muerte. Incluso si has estado caminando con Jesús durante muchos años, eso es totalmente normal después de un encuentro con la muerte. Por lo regular, los cristianos experimentan angustia escatológica ante la pérdida. Tal vez te preguntes si el cielo es real, si llegarás a ser feliz de nuevo o si Dios en realidad es bueno. En la lucha con tu fe a la luz de tu pérdida, dile a Dios lo difícil que te resulta.

ESCUCHA EN EL SILENCIO

Una vez, visité un restaurante de lujo en Vancouver, Columbia Británica, donde había pantallas de video instaladas en los baños individuales. Una vez que uno aseguraba la puerta al entrar, la pantalla se iniciaba y comenzaba a reproducirse. Parecía el estereotipo perfecto de la maternidad. Ni siquiera en el baño podía conseguir una pizca de silencio.

Los norteamericanos detestamos el silencio. Las pantallas nos hablan en los restaurantes, en las terminales de los aeropuertos, en la caja de la tienda de comestibles. No es de extrañar, entonces, que no nos agrade cuando parece que Dios guarda silencio, en especial cuando la vida es difícil. A menudo, en el duelo y en la crisis, anhelamos palabras, garantías de que no estamos solos, de que el fin del sufrimiento se aproxima. Clamamos: «¿Hasta cuándo, Señor?». Preguntamos: «¿Por qué te escondes cuando estoy en apuros?»[8]. Y esperamos una respuesta. Queremos que Dios hable.

Nuestros deseos se justifican, en parte. En esencia, Dios es un comunicador. Él hizo que la creación existiera con su palabra, envió a Jesús como el Verbo hecho carne y escribió su mensaje para la humanidad en sesenta y seis libros. Él ha prometido escucharnos cuando oramos y, a lo largo de las Escrituras y de la historia de la iglesia, ha respondido a los clamores de su pueblo. Dallas Willard escribe en su clásico *Hearing God* (*Escuchar a Dios*): «Las personas están destinadas a vivir en una conversación continua con Dios, en la que hablan y se les habla»[9]. ¿Cómo logramos vivir, sin embargo, cuando parece que Jesús no tiene nada que decir? ¿Será que hay momentos en los que se necesita algo más que las palabras?

Aunque Noemí no duda de la existencia de Dios (eso hubiera sido incomprensible en la antigüedad), *sí* piensa que él es cruel y vengativo. Se queja cuando dice: «El SEÑOR mismo ha levantado su puño contra mí»[10]. Dios me ha dado un puñetazo en el estómago. Me ha dado un golpe demoledor. Cuando nos sentimos así, no hay palabras que nos saquen de esa postura. Necesitamos algo más.

En el libro de Job, Dios silencia las preguntas de Job con una serie de preguntas propias del tipo «¿dónde estabas?», las cuales muestran su majestad. Si lees el libro de Rut, sin embargo, te darás cuenta de que Dios nunca responde con palabras a las quejas de Noemí. Nunca presenta un argumento para mostrarle lo defectuosa que ha sido su fe. Nunca la reprende por ser débil o por estar demasiado enojada. En cambio, en el silencio, Dios le ofrece a Noemí un tipo de consuelo distinto, el tipo de consuelo que puede recibir cuando su mente da vueltas con preguntas y su corazón está envuelto en dudas y tristeza. Dios le da a Noemí el mismo tipo de cuidado del que su tataranieto escribió en el Salmo 23. Dios nos responde en el silencio.

EL AMOR QUE MOTIVA LAS PALABRAS

En el Salmo 23, no leemos que Jesús hable. Acudimos a esos versículos en tiempos de prueba y tristeza, directamente a los brazos de un Pastor que no dice nada. Por supuesto que sabemos que el pastoreo no era un trabajo silencioso. En otras partes de las Escrituras, leemos que Jesús, el Pastor, llama a sus ovejas por su nombre. Se nos dice en el Evangelio de Juan que sus ovejas conocen el sonido de su voz. La comunicación verbal es fundamental para nuestra relación con nuestro pastor.

Dicho eso, la comunicación verbal no es la única forma en la que Jesús se comunica con sus ovejas. Como solía decirles a mis estudiantes de oratoria, la comunicación verbal no es la única forma de hablar. Nuestro cuerpo a menudo habla con más fuerza de lo que serían capaces nuestras palabras. Sospecho que sabemos eso intuitivamente cuando acudimos al Salmo 23 en tiempos de dolor. Hay ciertos lugares demasiado oscuros y pesados para las palabras. Hay lugares donde se necesita más otro tipo de comunicación.

En el Salmo 23, el salmista describe las acciones de un pastor afectuoso, protector y amoroso. Jesús nos conduce junto a arroyos tranquilos, nos prepara un banquete, nos consuela con su vara y su cayado: gestos no verbales que nos hablan mucho de su cuidado, tanto como lo hacen sus palabras. Jesús nunca tiene una frase memorable, pero sus acciones lo dicen todo. Él nos da lo que necesitamos en nuestra hora de batalla: su provisión y presencia fuertes y silenciosas.

En tanto que Noemí batallaba contra su decepción con Dios, él hablaba en silencio. Le proporcionó a Rut un trabajo fructífero. Concertó una relación con Booz. Dios dio, dio y volvió a dar sin decir una palabra. Después de que Rut llegó a casa rebosante de granos que había recogido en los campos, Noemí pudo verlo tan claro como la nariz de su rostro. «El Señor no ha dejado de mostrar su fiel amor —dijo— hacia los vivos y los muertos»[11].

¡Vaya! Apenas un capítulo antes, Noemí se lamentaba de su vacío. Lloraba por la desgracia que creía que Dios había ocasionado en su vida. ¿Dónde estaba Dios? En el mismo lugar en el que había estado todo el tiempo: proveyéndole y hablándole.

Así que, cuando ella no podía oír su voz, él hablaba por medio de acciones, no de palabras.

Amamos las palabras porque amamos a la Palabra misma. Dicho eso, es posible que Dios no te dé palabras en medio de tu pérdida. Es posible que nunca responda claramente tus preguntas de una manera que te satisfaga. Al sentarnos en el silencio del lamento y la tristeza, así como Noemí, podemos aprender a buscar y aceptar al Jesús que viene a nosotros entre las palabras, el Jesús que en tiempos de dificultad parece estar terriblemente callado. Ese Jesús no es menos capaz cuando no habla. No está menos atento a nuestras necesidades. Noemí y el Salmo 23 nos recuerdan que su cuidado simplemente toma una forma diferente. Él conoce cada una de nuestras necesidades y las satisface aunque no diga una sola palabra. Podemos confiar en nuestro Pastor incluso cuando no escuchemos su voz.

En lugar de las palabras que queremos, Dios, callado, nos ofrece su presencia silenciosa y nos pide que confiemos en él. Él quizás sepa que más palabras no siempre traen paz. Solo su presencia puede hacer eso.

Dallas Willard escribe: «No importa cuán bien conozcamos su voz, las palabras de Dios no nos librarán de tiempos de duelo y dolor, así como Jesús no se libró»[12]. Muchas veces exigimos palabras de consuelo divino, pero no escuchamos nada. Para que no interpretemos el silencio de Dios como falta de atención, sin embargo, Noemí y el Salmo 23 nos aseguran que él se sigue comunicando. No hay un momento en el que estemos fuera de su mente o en el que se olvide de nosotros. Él siempre nos da exactamente el tipo de atención que necesitamos. En lugar de las palabras que queremos, Dios, callado, nos ofrece su presencia silenciosa y nos pide que confiemos en él. Él quizás sepa que más palabras no siempre traen paz. Solo su presencia puede hacer eso. Por eso nos ofrece su fuerza en el silencio, los brazos de un Pastor que nos abraza cuando las palabras fallan.

DA UN PASO FIEL ADELANTE

El libro de Rut concluye con una escena digna de una película de Hollywood que hace llorar. En los últimos versículos, el escritor pinta un hermoso cuadro de cuando Noemí sostiene al bebé Obed en sus brazos. Sus amigas, esas mujeres que la habían saludado cuando acababa de regresar a la ciudad, se reúnen como gallinas cacareando alrededor del nuevo polluelo. «¡Noemí tiene nuevamente un hijo!»[13], susurran mientras miran al niño encantador. Si te acuerdas de la mujer que conocimos en el capítulo uno, podrías pensar que te has caído en la madriguera de *Alicia en el País de las Maravillas*. ¡Esto se vuelve cada vez más curioso!

¿Cómo llegó Noemí hasta ese punto? ¿Qué le sucedió a la mujer que había cuestionado la bondad, la provisión y la presencia de Dios? ¿Qué preguntas se habían respondido para que ella llegara a tan hermoso momento? ¿Simplemente adolecía de una memoria corta, o ignoraba el dolor que había soportado?

No me cabe duda de que cuando Noemí sostuvo a aquel bebé en sus brazos, pensó en Mahlón y Quelión. En tanto que su nuera Rut miraba aquel cuadro con amor, es probable que Noemí levantara la vista y pensara en lo que podría haber sido. Ese bebé que tenía en sus brazos no se parecería en nada a su hijo, el hombre que había muerto sin tener un hijo. Lo que Dios le estaba dando después de la pérdida era algo completamente nuevo. ¿Había demostrado Dios ser fiel a lo largo del tiempo, a pesar de la desconfianza, el enojo y la incredulidad de ella? Sí. ¿Había respondido Dios sus preguntas? El texto nunca nos lo dice en realidad.

Miro hacia atrás en los últimos capítulos de Rut para discernir el camino de Noemí, y veo un camino sinuoso desde la desdicha hasta el misterio. Al caminar con el duelo como su compañero, Noemí avanzó poco a poco. Envió a Rut al campo para que espigara todos los días. La ayudó a captar la atención de Booz. Le explicó a Rut los rituales sociales que asegurarían su futuro. Llevaba consigo sus anhelos, su dolor y sus preguntas al realizar las tareas cotidianas que la vida requería. Noemí dio un paso fiel adelante.

Cuando el duelo se instala en tu vida, es probable que surjan en ti innumerables preguntas para Dios. Tu enojo y tus dudas pueden ser grandes. Al luchar con Dios, al lamentarte y al escuchar en el silencio, aún puedes dar un paso fiel adelante, incluso cuando no tengas las respuestas que quieres oír.

Trescientos años después de que se escribió el libro de Rut, el profeta de Israel, Isaías, escribió estas palabras:

> Los hijos que dabas por perdidos
> todavía te dirán al oído:
> «Este lugar es demasiado pequeño para mí;
> hazme lugar para poder vivir».
> Y te pondrás a pensar:
> «¿Quién me engendró estos hijos?

Yo no tenía hijos, era estéril,
desterrada y rechazada;
pero a estos, ¿quién los ha criado?
Me había quedado sola,
pero estos, ¿de dónde han salido?».

ISAÍAS 49:20-21, NVI

A veces me pregunto si Noemí se maravilló de una manera similar por la provisión que Dios había sacado de su dolor. Las palabras de Isaías me recuerdan que, incluso cuando no entendemos su plan, Dios sigue actuando. En nuestro duelo, de manera silenciosa, él da a luz una nueva vida que algún día nos llenará de su abundancia. Por lo que algún día, cuando miremos hacia atrás con asombro y nos preguntemos: «¿Quién me engendró esto?», la única respuesta será Jesús. Estábamos afligidos, desterrados, abandonados. No podíamos rastrear su mano. No podíamos ver cuál era su plan en todo esto, pero él supo todo el tiempo lo que hacía. Actuó para nuestro bien.

PARA REFLEXIÓN

1. ¿Cómo ha sido tu experiencia con el duelo y la fe similar o diferente a la de Noemí?

2. Antes de tu pérdida, ¿creías que la tristeza, la duda o el enojo hacia Dios representaban una falta de fe? ¿Cómo ha cambiado o reforzado esa visión la muerte de tu ser querido?

3. ¿Qué preguntas tienes para Dios? Haz una lista de ellas y luego comprométete a orar basándote en ellas durante una semana. Al plantearle tus preguntas a Dios intencionada y

directamente, ¿cómo cambia la forma en la que percibes su atención y su presencia en tu dolor?

4. ¿Sientes que Dios ha guardado silencio ante tus clamores? ¿De qué manera la imagen del Buen Pastor del Salmo 23 podría invitarte a tener una visión más amplia de lo que Dios está haciendo en tu vida?

5. Hebreos 11:1 nos dice que «la fe demuestra la realidad de lo que esperamos; es la evidencia de las cosas que no podemos ver». ¿De qué manera se refiere este versículo a tu caminar con el duelo en el presente? ¿Cómo puedes dar un paso adelante con fidelidad, ya sea que sientas o no a Dios hoy?

CAPÍTULO 8

Y un niño pequeño los guiará: La crianza de hijos a través de la pérdida

Así como vivió con ellos vivos, vivirá con ellos muertos. Algún día él aceptará su muerte como parte de su vida. No llorará más. Los llevará en su memoria y en sus pensamientos. Su carne y su sangre son parte de ellos. Mientras él esté vivo, ellos también vivirán en él.

PEARL S. BUCK, *THE BIG WAVE* (*LA GRAN OLA*)

No exagero cuando afirmo que criar a mis hijos en tiempos de pérdida ha sido la tarea más desafiante a la que me he enfrentado. Cuando Rob murió, mis hijos tenían siete, diez, doce y catorce años. Mi hija menor acababa de celebrar su cumpleaños un mes y medio antes. Seis meses después, publiqué estas palabras en mi diario en línea:

> Quiero contarte lo que siente uno al abrazar a un niño cuando él está de luto. Quiero que sepas lo que se siente cuando su cuerpo, estremecido por los sollozos, se hunde profundamente contra el de uno. Uno

sostiene su tierno cuerpo y lo acuna en sus brazos como cuando lo calmaba de bebé. El instinto maternal que lo impulsó a mecerlo hace tantos años regresa, y uno comienza a mecerse suavemente, frotando su espalda, respirando profundamente su aroma para mantener los pies bien asentados y no ser arrastrado por el diluvio de su duelo. Él tiembla con el llanto, se detiene para respirar y luego vuelve a sollozar. Sus manos se aferran a tu cuerpo como si tuviera miedo de ahogarse. Cada fibra de su ser se lamenta.

No existe un sentimiento más impotente en todo el mundo que el de ver uno a su propio hijo soportar un dolor que uno no le puede quitar... ni siquiera aliviar ni un poco. No existe ninguna distracción, ninguna recompensa, ningún estímulo, ningún regalo, ninguna amistad que pueda llenar el doloroso vacío que lo obliga a llorar. La muerte ha traspasado su tierna vida y la tristeza ha oscurecido cada parte. Detrás de cada sonrisa se esconde su corazón roto.

Ni siquiera yo —quien soportó el golpe antes que él, quien lo abrazó mientras escuchaba la noticia—, ni siquiera yo puedo mitigar ese dolor. A pesar de lo cercanos que somos, todavía me siento como la espectadora impotente. Yo llevo mi propia carga de dolor, pero tampoco puedo soportar la suya. Su dolor es íntimamente suyo, incluso cuando camino a su lado en su sufrimiento.

Tengo a mi hijo huérfano de padre en mis brazos, y mis lágrimas mojan su cabello. Lloramos juntos. Oro

> que, en su dolor, nunca sienta el abandono divino. Al igual que Jacob al luchar con Dios, exijo una bendición para este tierno niño, cuyo espíritu está aplastado por el anhelo del padre que ha perdido. Lo mezo y le ruego a su Creador que tenga misericordia. Señor, ten misericordia. Cristo, ten misericordia. Misericordia para este quebrantado. Este pequeño y valiente en duelo. Misericordia para mí también. La madre que promete abrazarlo hasta que su llanto dé paso a un sueño cansado.

Como viuda, he tenido que cargar con mi propio duelo mientras he ayudado a mis hijos a aprender a cargar con el suyo. Ha sido un privilegio agotador, hermoso y desgarrador. Con niños que abarcan los primeros años de la escuela primaria, secundaria y bachillerato, mis primeros años desde la pérdida han sido un curso intensivo sobre no solo el desarrollo infantil, sino también sobre el desarrollo del duelo y el trauma.

Los niños viven el duelo de manera distinta a los adultos. Incluso cuando experimentan una pérdida familiar compartida —un abuelo, un padre o un hermano—, los niños expresan su pérdida de maneras que son únicas de su etapa de desarrollo y características personales. Su duelo refleja su creciente sentido

Incluso cuando experimentan una pérdida familiar compartida —un abuelo, un padre o un hermano—, los niños expresan su pérdida de maneras que son únicas de su etapa de desarrollo y características personales.

de sí mismos y su comprensión del mundo. Procesan su pérdida en cada nueva etapa de su madurez.

Las investigaciones estiman que, aproximadamente, uno de cada catorce niños pierde a uno de sus padres antes de los dieciocho años. El cinco por ciento de los niños pierde a un hermano o hermana durante la infancia[1]. Lo más probable es que, si tú estás de duelo, haya un niño dentro de tu esfera relacional que también lo esté. Si trabajas con niños como maestro, líder de tropa o maestro de escuela dominical, las estadísticas nos dicen que interactúas a menudo con un niño que está procesando una pérdida. Ya sea que estés en el proceso de criar o guiar a un niño a través de la pérdida, o que simplemente tratas de comprender tu propia infancia o tus anhelos internos, este capítulo es para ti.

Durante muchos años, el duelo de los niños, en gran medida, se pasó por alto y se estudió poco. Las suposiciones culturales del pasado eran que los niños que pasaban por incendios emocionales o acudían a reservas profundas de resiliencia interior o se volvían rebeldes. Nada en el medio. Los niños que sufrían pérdidas llegaban a ser o presidentes o prisioneros[2]. Por fortuna, nuestro entendimiento actual es mucho más matizado. Organizaciones como el Dougy Center for grieving children and families, la National Alliance for Children's Grief y estudios como el de CDC-Kaiser Permanente Adverse Childhood Experiences (ACE) Study nos ofrecen información y herramientas para acompañar a los niños y alentarlos a prosperar. Su viaje con la compañía del duelo, al igual que el nuestro, no tiene por qué ser un peregrinaje en la oscuridad. Los niños también pueden aprender a llorar bien.

CONVOCADO A LAS GRANDES LIGAS

Casi diez meses después de la muerte de Rob, comenzamos nuestra primera temporada de béisbol sin él. La cuarentena debido a la pandemia del COVID-19 había cerrado todos los campos de nuestra ciudad, y la maleza cubrió toda la pista de advertencia en el *bullpen* y en las cuevas. Cuando llegamos para practicar, ¡el lugar era un desastre!

Una noche, los niños y yo pasamos una hora quitando la maleza del *bullpen* para dejarlo listo para que comenzaran los juegos. Cuando estábamos sentados en la grava, arrancando plantas rebeldes, el tren suburbano entró silbando a la ciudad. Levanté la vista. Por instinto. Ni siquiera lo pensé. Escuché el chirrido de las ruedas y mi cuerpo lo sabía. Él volvía a casa del trabajo.

Excepto que no era así. Nunca más sería así. Podía levantar la vista cada vez que oyera el chirrido del tren hasta detenerse, y nunca vería a Rob trotando por el estacionamiento, con el cuello abierto y la chaqueta del traje sobre el brazo, corriendo para llegar a tiempo a la práctica de béisbol, sin querer perderse el primer lanzamiento de su hijo para el juego de esa noche. Las temporadas de béisbol iban y venían, pero Rob no volvería a ver nada más de ellas.

Cuando pienso en cómo viven el duelo los niños, no puedo evitar pensar ni en las muchas horas que he pasado en el campo de las Pequeñas Ligas a lo largo de los años ni en cómo la participación de los niños en el juego cambia a lo largo de sus años de crecimiento. La muerte de un ser querido llama a los niños a las grandes ligas, por así decirlo. Para la mayoría de los niños, enfrentarse a la muerte de un ser querido será el mayor desafío que han enfrentado en su corta vida. Exploremos un poco más esta analogía.

LOS NIÑOS PEQUEÑOS Y EL DUELO

Cuando mis hijos comenzaron a jugar béisbol, sus entrenadores (muchas veces el propio Rob) trataron de precisar las bases. *Esta es la pelota. La pelota va en el guante. Corremos las bases en sentido contrario a las agujas del reloj. Cuando se lanza la pelota, hacemos el* swing. La información se sentía tan simplista y elemental hasta que un niño en edad preescolar le preguntó cuántos cuartos quedaban en el juego o por qué el «árbitro» vestía de azul, no de blanco y negro. Un niño que se sentaba pegado a la pantalla para ver a los Medias Rojas jugar contra los Yankees nunca podría aspirar a convertirse en profesional si no podía encontrar el camino a la cueva de su propio equipo, o recordar que el oficial en realidad se llamaba ampáyer. En esos primeros años, el béisbol solía sentirse como cuidar niños o arrear gatos. Era claro que comprender las complejidades del juego era demasiado difícil para las mentes pequeñas.

Cuando se trata de las complicaciones de la muerte, la comprensión de los niños pequeños no es tan diferente. Su comprensión evoluciona con el tiempo, con el aumento de su capacidad de involucramiento intelectual. Recuerdo la primera vez que mi hija me preguntó qué significaba ser cremada. De apenas siete años cuando su padre murió, ella tenía muchas preguntas concretas, no muy diferentes a la pregunta del niño acerca de la vestimenta del ampáyer. Había oído mencionar la palabra, pero yo no se la había explicado. Solo quería saber los hechos.

Para los niños pequeños (de seis años o menos) que

experimentan una pérdida, la muerte significa más que nada la ausencia, si es que en realidad significa algo. Es posible que los infantes y los niños pequeños no se percaten de la muerte de un ser querido o que perciban la ausencia como imaginaria o no permanente. Además, la permanencia del objeto —la comprensión de que si algo desaparece de la vista, todavía existe— es un hito importante del desarrollo de los bebés. Celebramos cuando podemos salir de la habitación y no lloran o cuando podemos dejarlos en el preescolar y no se preocupan de que los hayamos abandonado. Por lo tanto, es lógico que, cuando un ser querido muere, a los niños pequeños les cueste comprender lo que significa esa ausencia. En sus primeros años, hemos reforzado una y otra vez exactamente lo contrario.

Para envolver sus pequeñas mentes en el gran concepto de la muerte, muchos niños pequeños hacen las primeras cuatro de las preguntas periodísticas clásicas: *quién*, *qué*, *cuándo* y *dónde*. Es posible que quieran saber cómo era su ser querido cuando murió, cómo se siente su ser querido al ser enterrado o cuándo regresará su ser querido. Al igual que los niños en el campo de béisbol, están tratando de descubrir lo básico de cómo funciona todo ese asunto de la muerte.

Como padres y cuidadores, podemos entender eso de manera conceptual, pero nuestro corazón se desgarra cuando tenemos que responder a ese tipo de preguntas. Cuando se percibe el miedo de un niño de que su abuelo no puede respirar bajo tierra, es fácil querer amortiguar la verdad. Sin embargo, es fundamental una conversación sincera y directa acerca de la muerte para la capacidad de un niño de vivir el duelo y crecer de manera saludable.

Si vamos a ayudar a los pequeños que cuidamos, vamos a tener que ayudarlos a enfrentar la muerte con un lenguaje sincero que los ayude a comprender la verdad. Siempre que sea posible, usa palabras reales que den una descripción apropiada del desarrollo para darle claridad a tu hijo. Por ejemplo: «La tía Sara murió porque su cuerpo estaba muy enfermo». Puedes ser sincero y amable al mismo tiempo, utilizando un lenguaje básico que un niño pequeño pueda entender.

Si vamos a ayudar a los pequeños que cuidamos, vamos a tener que ayudarlos a enfrentar la muerte con un lenguaje sincero que los ayude a comprender la verdad.

Al procurar ser un compañero útil y una guía para los niños que están a tu cargo, recuerda que las preguntas que ellos hagan deben responderse con palabras concretas tanto como puedas, incluso las preguntas que al principio te parecen espirituales. Por ejemplo, una pregunta como «¿dónde está?» para un niño de cuatro años es una pregunta concreta, no una abstracción. Por difícil que sea hacerlo, acompaña su conversación acerca del cielo con hechos reales y sinceros acerca de dónde está en realidad el cuerpo del ser querido del niño.

Tomemos como ejemplo a la niña que dijo que quería morirse para poder estar otra vez con su papá. En algún momento, había oído que la muerte era la puerta de entrada a la eternidad, por lo que pensó que si tomaba el mismo camino, su padre la estaría esperando al otro lado. Una discusión bien intencionada sobre el cielo le había dado anhelos complicados. En lugar de enturbiar la buena teología acerca de Jesús, de los ángeles o de la bondad y soberanía de Dios, procura mantener esas conversaciones separadas de las preguntas específicas acerca de la realidad y el proceso de la muerte física. A esa edad, pocos niños pequeños entienden la diferencia. Si decides decir: «El abuelo está con Jesús», asegúrate de decir también: «El abuelo está muerto».

Dada la comprensión limitada de los niños pequeños, es posible que no aparenten estar de duelo o que pronto «superen» la pérdida. En menos de cuarenta y ocho horas después de la muerte de mi esposo, mi hija menor pidió, con alegría, ir a la iglesia con su amiga el domingo por la mañana. ¿Era insensible o indiferente? Ninguna. Ella no entendía ni la profundidad ni la amplitud de lo que acababa de ocurrir. A su edad y dada la impresión, no podía comprender que su papá nunca volvería a casa. Las investigaciones confirman que «a medida que los niños crecen, tendrán que volver a experimentar la pérdida en cada etapa del desarrollo»[3]. Sin duda, lo que parece que su hijo pasa por alto o ignora ahora se está registrando y volverá a aparecer más adelante.

LOS NIÑOS DE EDAD DE PRIMARIA Y EL DUELO

Con la misma rutina que siempre había mantenido cuando Rob estaba vivo, les anuncié a mis hijos un domingo por la tarde que iba a salir a hacer las compras. Les dije que había dejado el teléfono celular de la familia en el mostrador de la cocina y les recordé que me llamaran si necesitaban algo. Uno de mis hijos se acercó entonces para que le diera un abrazo largo y apretado. Eso me hizo darme cuenta de que mis hijos entendían que, a veces, las personas bien intencionadas se van y nunca vuelven. Entendían que la muerte es real, que es algo que hay que temer.

El niño de primaria (de siete a doce años) entiende el miedo arraigado en la realidad. En tanto que la muerte todavía significa ausencia, los niños mayores poseen una comprensión más clara de que la muerte es el cese de la vida. Han tenido mascotas que han muerto. Han visto películas y programas de televisión en los que los padres están ausentes o la muerte juega un papel temático. Su creciente comprensión del mundo significa que los niños entienden la finitud y el dolor físico. Entienden que la muerte puede ser aterradora.

Así como los niños pequeños, es común que los niños de primaria quieran información concreta para reconstruir la historia de la pérdida. Entienden que pueden morir y entienden que la muerte de su ser querido afecta su propia vida. Las preguntas concretas ayudan a orientar su pérdida tanto dentro de su mundo emocional interno como dentro de su mundo externo de ritmos y actividades cotidianas. Un niño de esa edad puede querer saber cómo una persona desarrolla cáncer o a dónde se irá para Navidad, ahora que la abuela se ha ido. Todas esas preguntas son producto de un deseo de estabilidad y consuelo debido a ese miedo que surge como respuesta natural a la pérdida. Los niños quieren y necesitan saber que van a estar bien, incluso a pesar de la muerte.

Por lo tanto, tu tarea como acompañante adulto es ayudar al niño a encontrar esa estabilidad. Eso significa comprometerte con una comunicación abierta: estar disponible para responder preguntas acerca de la muerte y la pérdida, estar dispuesto a admitir que en realidad no tienes la respuesta para alguna pregunta y ser honesto en cuanto a las formas en las que el duelo los acompañará al crecer. Después de la pérdida de un ser querido, haz un espacio regular en tu vida familiar para responder preguntas relacionadas con la muerte. Sentados a la mesa, pasa de compartir los altibajos de la noche a invitar a la conversación acerca de la persona que ha muerto. Pregúntale a tu hijo cómo se siente ese día o si pensó en la pérdida durante el ritmo normal de su día. Recuerda tu compromiso de usar un lenguaje real y no eufemismos, incluso cuando guíes a tus hijos hacia la esperanza eterna en Cristo.

Es posible que te des cuenta de que tu hijo exhibe lo que he llamado «duelo de palomitas de maíz»: duelo que salta a la vista y luego parece detenerse. Es posible que experimente muy poco el duelo durante el día, pero que tenga problemas en la noche o momentos de cansancio por la tarde. Todo puede parecer bien un día, y el día siguiente está lleno de miedo o frustración. ¡A veces puede parecer una verdadera montaña rusa! Tu apertura constante les ofrecerá un ancla cuando las emociones se sientan fuera de control.

Incluso cuando la pérdida es compartida, nuestra experiencia de ella no es la misma. Es importante recordar que debemos evitar proyectar nuestro duelo en los niños o, peor aún, arrastrarlos a nuestro duelo. Ese tipo de comportamientos pueden tener consecuencias en ellos para toda la vida. Cada niño, al igual que cada adulto, experimentará un duelo único para él.

Algunos niños a esa edad dirán poco o nada acerca de su pérdida y, aunque sea difícil de creer, eso también es normal. Las actividades artísticas, los proyectos de construcción, la expresión musical y la participación deportiva pueden ofrecerles a los niños salidas vitales para las emociones que no saben expresar con palabras. Las interrupciones escolares, sociales y conductuales son reacciones comunes al duelo para los niños de esa edad. Tu atención dedicada a las necesidades de tu hijo será de gran ayuda para detectar y cuidar esos asuntos. Pide ayuda en la escuela, la iglesia, la familia y los amigos para desarrollar una red de apoyo para tu hijo. La mentalidad de que «se necesita todo un pueblo para criar a un niño» tiene un gran impacto en la preparación de tu hijo para la resiliencia.

LOS ADOLESCENTES Y EL DUELO

Durante los tres años desde la muerte de Rob, he visto a mis hijos vivir en duelo y crecer a través de grandes cambios en el desarrollo. Tres de mis cuatro hijos se han convertido en adolescentes en estos cortos años desde su pérdida. Su duelo ahora se presenta de una manera muy distinta a la del día en el que su padre murió.

Los adolescentes comprenden al mismo nivel de los adultos la permanencia y la realidad de la muerte. Comprenden los efectos de una muerte en su propia vida. Pueden ver cómo la muerte se manifiesta en el futuro. Aunque los adolescentes pueden tener preguntas de *quién*, *qué*, *cuándo* y *dónde* en cuanto a la muerte, a menudo se centran más en las preguntas de *por qué*, las cuales son más difíciles de responder. Como cuidadores y acompañantes, tenemos la tarea de caminar con ellos a través de las complejas y a menudo misteriosas dimensiones de la lucha con las preguntas emocionales y espirituales que se plantean.

Después de una pérdida, es posible que descubras que tu hijo adolescente trata de ignorar la muerte o parece que se obsesiona con ella. Ambas son reacciones normales cuando esos jóvenes adultos intentan orientar la muerte hacia su mayor

Cathy reflexiona sobre la muerte de su madre:

Cuando mi madre murió, muchos amigos expresaron palabras amables acerca de la esperanza de volver a verla. Pero aunque la esperanza de un futuro reencuentro trae consuelo, no borra el anhelo que se produce mientras espero.

Los cristianos llaman a este tiempo presente de espera el ya pero todavía no. Dada la muerte y la resurrección de Cristo, ya estamos redimidos. El sufrimiento en nuestro mundo, sin embargo, revela que la obra de la redención aún no está completa. Cristo ya ha vencido la muerte, pero los seres queridos siguen muriendo y nos quedamos en duelo.

Dicho eso, no vivimos el duelo como quienes no tienen esperanza. La esperanza no ignora el quebrantamiento. Pablo escribe: «Si uno ya tiene algo, no necesita esperarlo». La esperanza reconoce lo que aún no tenemos: restauración, sanidad, justicia. Aún más, expresa también confianza en que Cristo vendrá de nuevo para completar su obra. Cuando vivimos en esperanza, participamos en la obra redentora del mundo. Espero con ansias que el todavía no se convierta en el ahora. Mientras espero, elijo la esperanza.

comprensión de lo que significa ser humano y lo que significa vivir en un mundo afectado por la pérdida. La meditación es común, al igual que las expresiones de duelo con palabras y acciones. Las alteraciones del comportamiento y las regresiones en el desarrollo también pueden estar dentro del rango de lo normal.

En una ocasión, el administrador de una escuela local les

comentó a los padres que los niños a esa edad se despiertan cada mañana y se encuentran con un cuerpo completamente nuevo. Al parecer, ¡los cambios en la adolescencia en realidad suceden así de rápido a veces! Con tantos cambios fisiológicos, no es de extrañar que en el duelo, como en la vida, la mayoría de los adolescentes simplemente quieran sentirse normales. Como padres y compañeros conscientes del duelo, ya estamos comprometidos a normalizar el duelo. ¡Eso entonces debería estar en nuestra misma categoría! Tu hijo adolescente puede entender las mentiras culturales en cuanto a la pérdida, así que puedes ayudar a guiarlo para que las evite.

Los años de la adolescencia son un desafío hasta para los padres más valientes, pues el duelo en los años de la adolescencia puede ser casi imposible. Aprender a acompañar a tu hijo adolescente a través de la pérdida también puede darte una increíble oportunidad de vinculación afectiva. Todas las cosas de las que nuestros adolescentes pueden acusarnos (de ser severos, restrictivos o sabelotodos) nunca son útiles en el apoyo al duelo. La pérdida nivela el campo de juego. Al reconocerlo con tu hijo adolescente, es posible que descubras que él aprecia tu sinceridad. De todos modos, él no busca que soluciones su problema. Solo quiere que lo escuches.

¿QUÉ PUEDO HACER?

Las investigaciones dejan claro que «los niños que están en duelo no experimentan reacciones emocionales y conductuales de duelo continuas e intensas»[4]. Más bien, hacen duelo y crecen; hacen duelo y crecen. Guiar a un niño a través del duelo implica un delicado equilibrio entre dar respuestas sinceras y dar espacio para que simplemente sea niño. El duelo nos llama a preparar a nuestros hijos para un mundo en el cual no podemos controlar los resultados. El dolor nos recuerda que debemos, sin cesar, encargarlos al cuidado de Dios.

Debido a que sabemos que los niños volverán a vivir el duelo en diferentes etapas del desarrollo (lo que los investigadores llaman «duelo revivido»), necesitamos un plan de interacción que funcione desde sus años más jóvenes hasta que estén listos para irse del nido. Numerosas investigaciones afirman que los niños están preparados para la resiliencia, pero ese tipo de crecimiento transformador no ocurre de la noche a la mañana. Se requiere de una inversión intencionada por parte de los adultos en la vida de los niños y de una disposición a quedarse a largo plazo e inculcar en su relación la verdad del evangelio y el amor de Jesús. Consideremos cómo hacerlo.

CUATRO PALABRAS CLAVES

Apenas dos semanas antes de morir, Rob le enseñó a nuestra hija menor a nadar bajo el agua. En una calurosa noche de verano en la piscina de un área para acampar en Salt Lake City, ella saltó de la orilla a los brazos de su papá una y otra vez. Tal vez la emoción de saltar le daba valor. Cuando Rob le preguntó si quería intentar meter la cabeza bajo el agua, algo a lo que ella se había resistido durante años, ella dijo que sí. Capturé su gran momento y todos lo celebramos. Ella está radiante en la foto que tomé. Años de clases de natación fallidas terminaron esa noche. Tres años después, no puedo mantenerla fuera de la piscina.

Los niños experimentan la novedad de manera muy distinta

a los adultos. En ocasiones, se resisten a ella con cada fibra de su ser. Desafiantes, mantienen la cabeza fuera del agua y le dicen al instructor: «*No* voy a sumergir mi cara». En otras ocasiones, se deslizan bajo el agua con tanta delicadeza que uno pensaría que nacieron nadando. Como padres, persuadimos o amenazamos, alentamos o nos replegamos en silencio. Sentimos que tenemos que intervenir en (o, peor aún, controlar) el proceso. Muchas veces, sin embargo, cuando nuestros hijos se encuentran con algo nuevo, lo que necesitan es que confiemos en su sabiduría innata. Harán lo nuevo cuando estén listos. Participar con los niños en el duelo es una tarea similar de esperar su sabiduría. Podemos facilitar la participación y la reacción saludables al duelo al practicar con regularidad estas cuatro palabras claves: escucha, aprende, ama y suelta.

Escucha

Al cuidar a un niño en duelo, comprométete a establecer una relación de escucha. Cuando sea posible, deja que el niño dirija la conversación. Si no quiere hablar, está bien. Si quiere hablar, sé un oyente activo. En lugar de hacer tus propias preguntas, simplemente exprésale al niño lo que crees que le has oído decir. Pregúntale: «¿Te entendí bien?». Sus palabras son más importantes que las tuyas. Si el niño te hace preguntas que te cuestan trabajo responder, acéptalas con amabilidad y reconoce tus límites. Si podrías responder la pregunta con un poco de investigación, ofrece hacerla y volver a él con la respuesta. Si necesitas ayuda, un consejero de duelo para niños puede facilitar aún más la conversación.

Aprende

Todos los niños quedan impresionados cuando pueden enseñarle algo nuevo a un adulto. Adopta la postura de un estudiante cuando interactúes con un niño en duelo. Siéntate a sus pies y aprende más de lo que enseñes. En primer lugar, da por sentado que el niño entiende sus propias emociones. Como adultos, solemos operar según la idea de que somos mayores y más sabios y que sabemos más acerca del mundo. Cuando se trata de sentimientos, sin embargo, cada persona es su propia experta. Si un niño te dice que es feliz, celébralo con él. No des por sentado que está encubriendo un dolor profundo. Si parece sombrío, deja que te describa sus emociones sin temor a ser juzgado o interrogado. En cualquier caso, celebra y felicita al niño por expresar lo que siente. En segundo lugar, acepta la expresión de duelo de tu niño al pie de la letra. Ayuda al niño que está bajo tu cuidado a descubrir cómo expresar su pérdida de maneras que ya le resulten cómodas y naturales.

Ama

¿No es obvio que los niños que están en duelo necesitan nuestro amor? Puede parecer así, pero es sorprendente la facilidad con la que podemos distraernos por nuestra propia relación con la persona fallecida cuando compartimos una pérdida común con un niño. Cuando te enfoques en amar a tu hijo, ten cuidado de no convertirlo en un ícono viviente del ser querido que han perdido. Los adultos pueden ser particularmente propensos a ese peligro cuando la pérdida mutua es un miembro de la familia. Puede que el niño tenga los ojos de su madre, el ingenio de su abuelo o los hombros de su padre, pero sigue siendo su propia persona. Puede que haya recibido una cuarta parte o hasta la mitad de su ADN de un miembro de la familia, pero sigue siendo él mismo. Nunca hay que utilizar a un niño, abierta o inadvertidamente, como un monumento viviente al ser querido que han perdido. Ten cuidado de no buscar en el rostro de un niño a su ser querido en vez de al niño en sí. Los niños, al igual que los adultos, anhelan ser vistos y amados sencillamente por quienes son.

Algunos niños aprecian los comentarios que llaman la atención a los rasgos que comparten con su ser querido fallecido, pero a otros niños les resultan incómodas esas comparaciones. Si no estás seguro de si tu comentario será bien recibido, peca de precavido y guárdatelo. De otra manera, pregúntale al niño qué piensa. «¿Te gustaría que compartiera contigo algunas formas en las que te pareces a tu mamá?». ¡Te sorprenderá lo que te dice! Asegúrate de escuchar con atención y responder teniendo en cuenta sus necesidades, no las tuyas.

Si has perdido a tu cónyuge, hay ocasiones en las que el amor que tus hijos necesitan puede sentirse como una carga en la ya desafiante tarea de criar a tus hijos durante la pérdida. El popular adagio de las aerolíneas funciona bien aquí, ya que tú buscas amar a tus hijos bien en medio de su pérdida: *Ponte tu propia mascarilla de oxígeno antes de ayudar a quienes tienes a tu lado*. Al comprometerte con el cuidado personal y el amor propio en tu proceso de duelo, descubrirás que tu capacidad se expande para cuidar a esos pequeños que Dios ha puesto tan intencionadamente a tu cuidado. Busca formas creativas y que te ahorren tiempo para amarte a ti mismo y a ellos a la vez.

Tu cuidado personal en medio del duelo es en sí mismo una expresión de amor hacia tus hijos. Ellos te necesitan más que nunca y, al cuidar de ti mismo, les demuestras que quieres estar disponible para ellos como te necesiten.

Suelta

Jesús les dijo a sus discípulos que, si no llegaban a ser como niños pequeños, nunca heredarían el reino de Dios. Durante los dos milenios desde entonces, hemos tratado de precisar exactamente lo que quiso decir. ¿Quiso decir Jesús que necesitábamos la inocencia de los niños, su confianza dispuesta, su entusiasmo gozoso? ¿Qué es exactamente lo que los niños ofrecen en abundancia? Cuando observo la forma en que mis hijos han gestionado el duelo, sé que quiero al menos algo que ellos poseen. Quiero su búsqueda incesante de crecimiento y vida nueva.

Pregúntale a cualquier niña qué quiere ser algún día y, sin duda, te dará una larga lista de ideas. Quiere ser princesa, barista en Starbucks, mamá, presidenta. Nada se siente fuera de su alcance. Ninguna esperanza o sueño es demasiado absurdo. La vida se extiende hacia adelante, llena de posibilidades. El crecimiento no solo se anhela. También se anticipa.

Al acompañar a tus hijos a través del duelo, esfuérzate por adoptar esa mentalidad. Espera y celebra el crecimiento. Los huesos de los niños se sanan mucho más rápido que los de los adultos. Es el hermoso diseño de la naturaleza. A los niños les queda mucho por crecer, y sus cuerpos lo saben. De manera similar, los niños seguirán adelante con su duelo de maneras muy distintas a las de los adultos a su alrededor. Su ritmo de procesamiento será distinto. Sus manifestaciones externas de pérdida cambiarán con la madurez.

Si un niño ha dejado de llorar por un ser querido fallecido y ya no habla de él tampoco, es posible que simplemente esté avanzando en su duelo de una manera apropiada para su edad. Tú no tienes por qué hacer duelo por ese crecimiento. Los comentarios repetidos más dañinos que mis hijos recibieron en su duelo se centraban en la visión nublada por el duelo que los adultos tenían de su futuro. Los comentarios acerca de «crecer sin su papá» solo transmitían, por lo regular, pérdida sin pizca de esperanza. Reflejaban una desafortunada tendencia adulta hacia el «realismo» limitante y a la resistencia a la resiliencia.

Miramos a nuestros hijos y pensamos: Les queda mucha vida por vivir. La verdad es que a nosotros también. Cuando interactuamos con los niños, tenemos que hablar y vivir como si lo creyéramos.

Nuestro máximo objetivo para nuestros hijos cuando han sufrido una pérdida es que tengan una vida feliz, que el duelo no los aplaste. Miramos a nuestros hijos y pensamos: *Les queda mucha vida por vivir*. La verdad es que a nosotros también. Cuando interactuamos con los niños, tenemos que hablar y vivir como si lo creyéramos. Tenemos que soltar y liberar a nuestros hijos a la vida de florecimiento que les espera, incluso después de todo lo que han soportado.

Para los niños que sufren la pérdida de un ser querido, la madurez llega más rápido que para sus compañeros. De maneras dolorosas, deben crecer antes de tiempo. Esta comprensión más profunda del mundo, sin embargo, puede producir adultos empáticos y resilientes, adultos que contribuyen a sus comunidades y entablan relaciones sólidas con sus seres queridos. Como en nuestro caso, el duelo no tiene por qué quebrantar a nuestros hijos.

En el duelo, nuestros hijos parecen muy vulnerables. Cuando lloran, parece que sufren más dolor y tristeza de lo que puede soportar un pequeño cuerpo. Por eso es que, en su duelo, con gran alivio, podemos ofrecerles a Jesús, el Buen Pastor que se deleita en llevar corderitos sobre sus hombros para que descansen y estén a salvo. Podemos escuchar, aprender y amar a nuestros hijos mientras lloran. Además, podemos llevarlos a diario a su Padre celestial, encomendándolos a su cuidado y confiando en los buenos planes que él tiene para su futuro.

PARA REFLEXIÓN

1. ¿Tienes alguna historia de pérdida de tu infancia? ¿Cómo reaccionaste a esa muerte? ¿Cómo reaccionaron los adultos a tu alrededor? ¿Qué te enseñó su reacción acerca del duelo?

2. ¿Puedes nombrar a un niño que conozcas que haya experimentado una pérdida, ya sea la muerte de un ser querido u otro tipo de pérdida (como el divorcio)? Haz una breve oración por ese niño ahora. Pídele a Jesús que lleve a ese corderito en sus brazos.

3. ¿Qué puedes hacer con tu impulso de arreglarlo todo cuando ves a un niño en duelo?

4. ¿Te resulta difícil abrirte a escuchar a un niño? ¿Cómo podrías cultivar el don espiritual de escuchar cuando interactúas con un niño que sabes está en duelo?

5. Jesús nos dice que nos acerquemos a él como niños pequeños. ¿Qué significa eso cuando leemos esas palabras a través del lente del duelo? En tu dolor, ¿cómo puedes acercarte a Jesús como un niño pequeño? ¿Qué significaría eso para ti?

TERCERA PARTE

EL CAMINO CONTINÚA

CAPÍTULO 9

El trayecto por recorrer: Cuando el duelo ya no es nuevo

El duelo tiene su lugar pero también sus límites.

JOAN DIDION, *THE YEAR OF MAGICAL THINKING* (*EL AÑO DEL PENSAMIENTO MÁGICO*)

Si fueras un águila que vuela a dos horas al norte de mi casa, verías un poco de geología fascinante desde el cielo. Aquí, en la costa este, lejos del cinturón de fuego del Pacífico, un pequeño círculo de montañas se encuentra cubierto de arces azucareros y pinos, los restos de una antigua caldera volcánica. A diferencia de sus primas más jóvenes del oeste, la cordillera de Ossipee de Nueva Hampshire no ha visto acción volcánica en 125 millones de años, cuando la caldera colapsó en ese dique anular existente.

Con trayectos accesibles para el senderista promedio, la cordillera de Ossipee se llena de visitantes cada verano. Es probable que pocos sepan que el suelo que pisan solía ser un volcán que bien hubiera rivalizado con el Krakatoa, el Vesubio o el monte Santa Helena. Para la mayoría de los senderistas, esas montañas son solo una tarde de cardio, pero, desde el cielo, se puede ver que son mucho más. Incluso si uno no puede verlo con facilidad, la Tierra tiene las cicatrices. Una vez hubo un volcán aquí.

Puede ser difícil de creerlo, pero tu duelo llegará a ser así con el tiempo. Oculto a la vista por el nuevo crecimiento de la vida... ignorado por todos, excepto por los más curiosos... el duelo crece y envejece. Al igual que ese volcán olvidado, el duelo llega a ser parte del paisaje, una parte integral e integrada de nuestro nuevo panorama. La vida crece a nuestro alrededor, y nosotros cambiamos y crecemos con ella.

Si tu duelo aún es reciente y agudo, puede ser difícil imaginar ese cambio. Para ser honestos, es posible que ni siquiera quieras hacerlo. Puede que tu mirada esté tan enfocada en el pasado que te resulta difícil imaginar un futuro. Si ya es bastante difícil imaginar un futuro sin tu ser querido, mucho más lo es creer que un día el duelo podría no ser lo único que tienes. Tus sentimientos son reales y válidos. Si allí te encuentras en este momento, tómate todo el tiempo que sea necesario para sentir tu pérdida en lo profundo, lamentarla en voz alta y vivir el duelo en su plenitud. Está bien sentirte como te sientes.

Pero en medio del llanto y de la tristeza desgarradora, con el paso de los días, los meses y los años, te invito a observar los cambios que ocurren en tu interior y a tu alrededor. ¿Cómo te está moldeando la compañía del duelo? ¿Qué matices ves que no habías notado antes? Con el paso del tiempo, el duelo se convierte en una parte familiar del panorama de la vida, y se nos llama a una nueva relación madura con nuestro dolor. Cuando la agonía de esos primeros meses y años se desgasta hasta convertirse en un dolor conocido, un dolor sordo y un adiós melancólico, ¿exactamente cómo logramos hacer duelo con esperanza? ¿Qué significaría que la topografía de nuestro duelo evolucionara como las montañas Ossipee?

Es precisamente cuando el duelo se convierte en un viejo amigo conocido que podemos ver comenzar esa labor de transformación. Tú puedes volver a prosperar después de una pérdida. Al igual que un diamante llega a brillar con intensidad por la compresión y el calor, tu vida puede brillar con esperanza después de la intensidad de una pérdida conforme integras tu duelo. Al igual que la cordillera de Ossipee, tus heridas pueden convertirse en el suelo en el que la belleza puede crecer. Con infinita sabiduría, Dios te ha llevado a ese nuevo día. Con amor misericordioso, tú estás allí. Todavía hay un propósito para ti, un propósito bueno, hermoso e impresionante. Dios te invita a una vida plena frente a la muerte.

¿AVANZAR O SUPERARLO?

Me imagino al Job bíblico como un padre orgulloso en el recital de baile de su hija, de pie para tomar fotos y aplaudiendo con fuerza. Ya te lo imaginas. ¡Hay al menos uno en cada auditorio! Con una esposa, siete hijos fornidos y tres hermosas hijas, Job tenía una vida que parecía ser perfecta. Se nos dice que era muy intencionado en su amor. Su familia era su orgullo y alegría. Dicho eso, apenas y se nos presenta al elenco del libro que lleva su nombre, cuando la tragedia se ensaña contra Job. Una tormenta de viento azota la ciudad y destruye la casa de su hijo mayor con todos sus hijos dentro. Job está destrozado. Ha soportado lo que los psicólogos modernos llamarían una «pérdida catastrófica».

Durante más de cuarenta capítulos, vemos a Job luchar con el duelo y los problemas del mal y del sufrimiento en el mundo. Nos solidarizamos con Job cuando soporta a amigos fieles que le dicen solo las cosas equivocadas. Levantamos nuestro puño a su lado mientras discute con Dios. Y cuando la historia llega a su fin, nos quedamos asombrados. Dios bendice la fidelidad de Job con una nueva familia. Siete nuevos hijos y tres nuevas hijas, muchachas que, según se nos dice, son las más hermosas de la tierra. Un pago completo de todo lo que había perdido.

¿O no?

Me he preguntado muchas veces cómo cambió el duelo de Job a lo largo de esos años. Al observar a sus siete nuevos hijos crecer y salir adelante, al hacer rebotar a sus nuevas hijas en sus rodillas, ¿recordaba a las niñas que habían gritado con alegría cuando él las lanzaba, jugando, al aire? Cuando les enseñaba a sus hijos a cuidar de los rebaños, ¿se le entrecortaba la voz al recordar haber guiado otras manitas mientras aprendían las tareas del día? Incluso con todo el gozo que Dios le dio a su vida después de la pérdida, ¿En realidad pudo Job superarla? De seguro nunca olvidó a los hijos que había perdido. La nueva familia nunca reemplazó a la anterior. Sin duda, Job sabía por experiencia que no había que superarlo, solo avanzar.

Después de la muerte de nuestro ser querido, suelen animarnos así: «Lo superarás algún día». Si eres joven, es posible que te animen a casarte de nuevo. Si has perdido a un hijo, te recuerdan: «Puedes tener más hijos». Las personas que nos aman anhelan una progresión lineal y signos predecibles de nuestra mejoría. Se preocupan por nuestro bienestar, incluso cuando dicen cosas falsas y tan dolorosas. Superar algo no es lo que haces cuando te vas de una tumba. Vivir después de una pérdida no es lo mismo que cerrar el capítulo de una gran novela y pasar a la secuela.

Nunca olvidarás el día en el que el oficial de policía llegó a tu puerta, el día en que los médicos te dijeron que no podían hacer nada más. La imagen del ataúd, la imagen de la tumba recién cavada: estas son cosas que no se pueden dejar de ver. Tú tampoco deberías querer hacerlo. Nuestra conexión con nuestros seres queridos incluye tanto los momentos dolorosos como aquellos momentos felices que los precedieron.

A lo largo de las Escrituras, vemos el recuerdo como una parte vital de la comunidad y de la identidad personal. El ciclo de las fiestas del Antiguo Testamento no solo le recordaba al pueblo de Dios sus luchas pasadas. También les pedía que las representaran. Siete veces al año, los israelitas se detenían para recordar su esclavitud en Egipto, el trabajo de la cosecha, el costo de su pecado y su anhelo por el Mesías. No se trataba de superar y dejar atrás los recuerdos de su dolor. En cambio, conectarse con las duras historias de su pasado era la clave para la sabiduría, el sendero para avanzar.

Lo mismo ocurre con nosotros cuando aprendemos a vivir con el duelo que ya no es nuevo. Con el paso de los años, no tenemos por qué cerrarles la puerta a los recuerdos. Más bien, si le permitimos al duelo hacer su labor en nosotros, descubriremos que nuestro amor por nuestro ser querido fallecido nos da la energía, la inspiración y la esperanza para avanzar. Las historias de amor y de dolor que nos moldearon en el pasado son indispensables para nuestro futuro.

¿ALGÚN DÍA VOLVERÉ A SONREÍR?

¿Te has parado frente al espejo del baño y preguntado si algún día volverás a sonreír? Después de que tu mundo se desmorona, la tristeza pesa tanto que es difícil imaginar ser capaz de volver a amar la vida en realidad. El duelo nos sorprende en lugares públicos y el dolor nos reorganiza la vida de tal manera que ya casi no se pueden reconocer. Es fácil y natural, en las profundidades del duelo, hablar con superlativos —*nunca* y *siempre*— para describir cómo nos sentimos.

Solemos crear la falsa dicotomía de que el duelo es un juego de todo o nada, de que estamos contentos o tristes, de que la vida está marcada por la alegría o la tristeza. Cuando la intensidad de esos primeros días se desvanece naturalmente, tememos que eso signifique que amamos menos a nuestro ser querido. Cuando el llanto disminuye, nos sentimos desconcertados. ¿Los extrañamos? ¿Los hemos reemplazado?

Si has perdido a una hermana, ni otra hermana ni otro hermano vivo la reemplazará jamás. Si tu esposo ha muerto, un nuevo matrimonio no sustituirá su lugar en tu vida. *No se puede reemplazar a las personas.* Hay que admitir que tampoco puedes reemplazar la vida que vivías. Los nuevos hijos de Job no podían reemplazar a los que había perdido. La vida nueva después de la muerte de un ser querido nunca reemplazará lo que uno vivió antes. Si hemos de edificar una vida nueva después de la pérdida, debemos hacer a un lado ese pensamiento de todo o nada. Es una mentira tan antigua como el jardín de Edén.

Ve directamente a Génesis 3, donde escucharás a la serpiente decirle a Eva el mismo tipo de mentira de todo o nada. La mentira de que las cosas buenas se te ocultan. La mentira de que el plan de Dios se caracteriza por la escasez, no por la abundancia. En esencia, la frase «nunca volverás a sonreír» te dice esas mismas falsedades. Habla de la mentira de que la felicidad, como el sol en los climas del norte, es un recurso limitado. El que Dios pueda permitir la tragedia nunca la compensa.

Mark Henricks, un padre cuyo hijo se suicidó, compartió: «No espero olvidar nunca a Brady o que nunca me importe lo que sucedió. Pero espero que algún día aprenda a sobrellevar su pérdida, a aceptar que se ha ido, a poder recordarlo con cariño y a volver a sentir felicidad genuina, a pesar de todo lo que ha sucedido. Creo que es una expectativa razonable»[1].

Mark tiene razón. Una sonrisa, una carcajada, la verdadera alegría, todas son expectativas razonables después de la pérdida. De hecho, si las quieres, puedes confiar en que las alcanzarás. Podemos volver a sonreír después de una pérdida, si así lo decidimos. Podemos reír. Podemos amar. Podemos encontrar un propósito. ¿Por qué son posibles, y hasta probables, tales cosas? Porque un Dios todopoderoso nos llama sus amados. Dios programó la resiliencia en nuestro ADN cuando nos formó del polvo. Él diseñó una historia en la cual la resurrección sigue a la muerte. Es por eso que en aquellos momentos en los que el duelo, el pecado y la tristeza se sienten en su punto

Dios programó la resiliencia en nuestro ADN cuando nos formó del polvo. Él diseñó una historia en la cual la resurrección sigue a la muerte.

más profundo, él recuerda esas cosas acerca de nosotros: que somos débiles y estamos hechos de polvo, que su amor por nosotros lo ata a nuestro bien.

El duelo puede permanecer un compañero de por vida, pero, conforme te acostumbres a su presencia, puedes estar seguro de que volverás a sonreír. Volverás a sonreír porque Dios te sonríe. Incluso cuando cuestionas sus propósitos. Incluso cuando te quejas de su silencio. Incluso cuando lloras por la persona que has perdido. Sigues siendo su amado. Su rostro siempre está fijado en ti.

¿Cómo se llega a esa vida próspera? Averigüémoslo juntos.

¿ESTÁ BIEN SEGUIR EN DUELO?

¿Cuándo deja de ser nuevo el duelo? ¿Es después del primer aniversario de la muerte de tu ser querido? ¿Después de un gran paso adelante en la vida como volver a casarse? ¿Cuánto tiempo está bien seguir en duelo? Cuando hablo con personas que están en duelo, esas preguntas acerca del tiempo son frecuentes.

Como ya habrás adivinado, no hay una única respuesta correcta. Tu duelo ya no es nuevo cuando deja de ser nuevo *para ti*. Es decisión tuya. Tal vez te sientas más a gusto con el duelo cuando el agudo costo físico y emocional se desvanezca. Es posible que sientas un cambio con el paso de la primera serie de fiestas familiares sin tu ser querido. Podría ser un instante de cambio, pero para la mayoría de las personas, la vida nueva se cuela en silencio. Te das cuenta un día de que ya no lloras tanto como antes. Descubres un día que los recuerdos te ocasionan menos dolor punzante y más sensaciones agridulces o incluso solo una sonrisa. Confío en que, al llevarle tus penas a Dios constantemente y al afrontar tu sufrimiento con intención, tú lo sabrás.

De recién casados, Rob y yo solíamos tener discusiones acaloradas y, a veces, marcados desacuerdos. En el curso normal de unirse dos vidas, a veces saltaban chispas. Con el paso de los años, nos establecimos en una compañía íntima, y en ella descubrimos que rara vez estábamos en desacuerdo. Atrás quedaron los debates. Habíamos llegado a estar de acuerdo en los grandes temas mundiales y en los asuntos domésticos. Incluso las adiciones significativas de mudanzas, cambios de trabajo y crianza de los hijos ocasionaron un aumento de temperatura relativamente bajo. Nuestro matrimonio fue uno de compañerismo fácil, confianza mutua y comprensión profunda.

Cuando miro hacia atrás, no hubo un solo momento en el que se ocasionara ese cambio. Lo que sucedió fue que la lima de afilar redujo a diario muchos de nuestros puntos ásperos y disminuyó la fricción. Claro que nunca llegamos a ser perfectos. Recuerdo bien, y con tristeza, las riñas que soportamos. Con el paso de los años, sin embargo, nuestra relación se caracterizó menos por el conflicto y más por el compañerismo.

Estoy convencida de que la compañía del duelo puede evolucionar de manera similar. Las chispas emocionales, físicas y espirituales que vuelan en los primeros y agudos meses y años de tristeza pueden transformarse en una profunda comprensión de la fragilidad de la vida, la aceptación sincera de nuestra propia mortalidad y el amor entusiasta por la vida que aún se extiende ante nosotros.

En el Antiguo Testamento, los períodos de luto o las manifestaciones externas de duelo se caracterizaban por el ritual. La

Beth reflexiona sobre la muerte de su padre:

Los bordes afilados del duelo se han suavizado con el tiempo. Las olas de tristeza que alguna vez fueron intensas y repentinas se han vuelto poco frecuentes, así que ya no noto el dolor cada hora o incluso a diario. Pero todavía extraño la presencia física de mi papá en este mundo, en particular en el mío. Como educador consumado, dio muchos regalos intangibles, pero el último fue mi primera experiencia real en el duelo.

Aunque no deseado, el duelo ha sido un buen maestro. La muerte prematura de mi padre me obligó a hacer preguntas difíciles que, a fin de cuentas, profundizaron mi fe en Dios, me mostraron el poder de la comunidad y abrieron mi corazón al dolor de los demás. La muerte me enseñó el lamento. Acampé en el libro de los Salmos y en las palabras de Nicholas Wolterstorff: « Todo lamento es una canción de amor ».

Durante la última década, mucha vida nueva ha llegado a mi vida: el matrimonio, los hijos, la escuela y la vida en una parte desconocida del país. No puedo compartir nada de eso con mi padre, y todo lo que mi esposo y mis hijas saben de él son fragmentos de historias e imágenes. Desearía que fuera diferente, que él todavía estuviera presente en cuerpo, vivo y activo, pero su historia sigue viva en mí. Al igual que su presencia dinámica, su repentina ausencia moldeó mi identidad para bien.

comunidad se vestía de cilicio y cenizas para reconocer la mortalidad. Los hombres se afeitaban la cabeza para encarnar su pérdida. El entierro inmediato era común en el antiguo Cercano Oriente, así que Israel hizo una pausa para llorar a los hermanos Moisés y Aarón durante treinta días después de su sepultura.

Cuando Jacob murió, José, su hijo, estuvo de luto durante siete días junto al río Jordán. Los egipcios que lo habían embalsamado apartaron setenta días para hacer duelo en público. Todas esas prácticas externas dieron origen a la costumbre judía de sentarse en el *shivá*, un ritual de duelo que todavía existe hoy en día.

En un hermoso reconocimiento de la persistencia del dolor, la tradición judía les ofrece otro ritual a las familias en duelo. Cada año, las familias conmemoran la muerte de su ser querido a través de la celebración del *Yahrzeit*. Ese memorial ocurre a perpetuidad después de la muerte de un familiar cercano, un recordatorio de que no hay fin para el recuerdo del dolor. En la observancia del *Yahrzeit*, las familias encienden una vela especial de larga duración, leen salmos sobre la luz de Dios, comparten historias y dan regalos en memoria de su ser querido. El *Yahrzeit* ofrece espacio para el duelo que permanece. Mejor aún, integra el duelo en una vida nueva al colocar el dolor y el sufrimiento en el contexto de un Dios que se deleita en llevar luz a las tinieblas.

CÓMO INTEGRAR TU DUELO

Los requisitos de la crianza de los hijos después de la muerte de Rob me han impulsado sin cesar hacia adelante, pero no hace falta la presión de criar niños pequeños para obligarse a avanzar después de la pérdida. Si has reconocido que sanar o recuperarte no es el objetivo, puedes establecer tu objetivo en integrar tu pérdida lo mejor que puedas. Antes de que pienses: *¿Algo más que tengo que hacer?*, no tengas miedo. ¡La integración del duelo es en lo que te has estado esforzando todo ese tiempo! Desde los primeros días de tu pérdida, te has enfrentado a la muerte y has aprendido a vivir con el duelo como tu compañero. ¡Ya lo estás haciendo!

Integrar el duelo simplemente implica la aceptación lenta de los cambios de la vida que llegan después de la muerte de un ser querido. Puedes realizar ajustes graduales para crear nuevos ritmos. Con el paso de los años, puedes cultivar la comprensión de tu capacidad para permanecer unido a tu ser querido incluso en su ausencia. Cada día que avanzas, llevas tu pérdida a la vida que ahora vives sin tu ser querido. Por lo que cada día llevas a tu ser querido a la vida que ahora vives sin él.

La integración y el compañerismo del duelo son tareas de construcción de relaciones de por vida. Proverbios 14:13 nos recuerda que «la risa puede ocultar un corazón afligido». J. William Worden —del Estudio de Duelo Infantil de Harvard, en el Hospital General de Massachusetts— describe esa labor de toda la vida como un ciclo de tareas que siguen integrando el duelo en la vida conforme uno crece en torno a su pérdida. Worden escribe que uno sigue un ciclo de reconocer la realidad de la muerte de su ser querido, sentir el dolor de esa ausencia, adaptarse a la vida sin el ser querido y encontrar formas de permanecer conectado con él, incluso al avanzar sin él[2].

Durante el primer año después de la muerte de Rob, me despertaba todas las mañanas y volvía a recordar que él había muerto. Al principio, me acostaba en la cama cada mañana y lloraba. Cuando se me agotaban las lágrimas, bajaba las escaleras para poner a hervir el agua, un trabajo que él solía hacer. Mientras estaba de pie con una taza de té caliente en mis manos, recordaba su olor matutino, su risa, sus cálidos brazos que me abrazaban. Las lágrimas a veces se derramaban de nuevo. En ese simple ritual diario, reconocí el dolor de la ausencia de Rob y me adapté a la vida sin él. Lloraba y yo misma calentaba el agua. Recordaba la intimidad de su cuerpo y planeaba mis tareas para el día que tenía por delante mientras vaciaba mi taza matutina. Sospecho que todos los días tú tienes patrones similares de recuerdo e integración.

Al activar tu deseo de integración del duelo, puedes avanzar hacia una vida de florecimiento después de la pérdida, incluso cuando es difícil. Aprender y aplicar el ciclo simple de Worden puede normalizar los sentimientos de duelo que persisten después de que la mayoría de las personas de tu vida piensan que deberías haberlo «superado ya». Al comprender tu tarea de entablar una relación de por vida con el duelo, puedes adoptar las tareas de Worden, sin importar cuántos años te separen de la muerte de tu ser querido.

Muchos años después de la muerte de mi bisabuelo, mi padre decidió compilar sus escritos en forma de libro. El bisabuelito Eduard, un judío convertido al cristianismo, había vivido la Segunda Guerra Mundial y había huido a los Estados Unidos con su familia como refugiados. Recuerdo estar en la funeraria, después de su muerte en 1988, a mis diez años. Su funeral fue el primero al que asistí.

Aunque hacía tiempo que mi padre había aceptado la muerte de su abuelo, años más adelante, mientras leía los diarios y las cartas que había dejado, le surgió un nuevo duelo. «Hay tantas cosas que desearía poder preguntarle», me dijo. Incluso después de todo ese tiempo, lamentó la pérdida de ese amado hombre. Ahora que él mismo era abuelo, papá aportó una nueva perspectiva a su relación con su propio abuelo. En esa nueva época, necesitaba reconocer, una vez más, la ausencia de su abuelo.

Resultó que compilar ese libro le ofreció a mi padre hermosas formas de conectarse con su abuelo. El vínculo no se rompió con la muerte. Solo cambió. Todo el amor existía aún y, de nuevas maneras —mientras hojeaba fotos viejas, transcribía anotaciones de diarios y se dedicaba a la investigación genealógica— papá llegó a apreciar y celebrar lo que su abuelo había invertido en su vida. Las cuatro tareas de cómo vivir el duelo de Worden le ofrecieron, de manera intuitiva, formas enriquecedoras de procesar su pérdida en una nueva temporada y de mantener la conexión con alguien a quien todavía amaba mucho.

EL AMOR SIGUE VIVO

Reconocer el duelo como un compañero a largo plazo lo invita a uno a retener el vínculo de amor que tenía con la persona que perdió. Si nuestros objetivos son la integración del duelo y una vida que florece después de la pérdida, tenemos que saber desde el principio que el amor sigue vivo. Eso no es sentimentalismo al estilo de una tarjeta Hallmark. Es una realidad emocional. El amor que tenías junto a la tumba de tu ser querido no se desvanece con el paso de los años. Ese es un regalo en el duelo.

Han pasado tres años desde la muerte de Rob y no puedo evitar sonreír al pensar en todas las formas en que su amor me ha liberado para vivir de nuevo. La muerte de Rob despertó en mí dones que él siempre vio que yo tenía, y cada vez que los practico, experimento la sensación de que él está satisfecho. Sigo amándolo al ver lo que invirtió en mi vida y en la vida de nuestros hijos. Aprovecho su sabiduría cuando uso mi voz y mente para tomar decisiones. Sonrío cuando me envuelvo en su camisa de franela favorita en una mañana fría y recuerdo que su amor todavía me da calor, incluso cuando sus brazos nunca lo volverán a hacer.

George Bonanno escribe que las personas resilientes «saben que su ser querido se ha ido, pero, cuando piensan en el difunto y hablan de él, se dan cuenta de que no lo han perdido todo. La *relación* no ha desaparecido del todo. Todavía pueden recordar y encontrar alegría en las experiencias positivas compartidas. Es como si alguna parte de la relación siguiera viva»[3]. C. S. Lewis describe ese amanecer de una manera similar cuando reflexiona sobre la muerte de su esposa, Joy, en *A Grief Observed* (*Una pena en observación*). Nicholas Wolterstorff dice algo similar en *Lament for a Son* (Lamento por un hijo). Una y otra vez, descubrimos que nuestro ser querido es, en realidad, parte de esa alegría que emerge después de la muerte. El amor que sigue vivo nos da el poder de mirar hacia adelante con esperanza.

¿Qué significaría eso para ti con el paso de los años? Nicole, quien perdió a su esposo cuando sus hijos eran pequeños, creó una «habitación de recuerdos» en su nuevo hogar para darles a sus hijos un espacio tranquilo lleno de álbumes de fotos y artículos especiales de su papá. Lynn convirtió la ropa vieja de su esposo en una colcha de retazos que la mantiene abrigada en la cama cada noche. Jon y Kristen iniciaron una organización sin fines de lucro inspirada en la muerte de su hijo. Kayla escribió un libro. De manera constructiva y creativa, todos ellos, y más, buscaron preservar sus lazos de amor al reconocer el duelo que perdura y al invitar a ese duelo a orientar, aclarar e inspirar su vida actual.

Ya sea que uses la huella digital de tu hijo en un collar, que conmemores a tu padre con un ladrillo en el jardín botánico local o que estudies esa maestría que tu ser querido siempre te animó a buscar, puedes llevarlo contigo a tu nueva vida. En su mayor parte, la forma en la que vivimos el duelo con el tiempo se determina por «lo que hacemos con nuestros recuerdos, cómo los experimentamos y lo que sacamos de ellos durante el duelo»[4]. Así que, ya sea que te dediques al pasatiempo de tu ser querido o que simplemente permitas que sus mejores cualidades inspiren el crecimiento en tu vida, el amor que sigue vivo puede invitar al crecimiento en esa nueva vida que estás cultivando.

RECUERDOS NADA FELICES

La pérdida de un ser querido no siempre trae nostalgia. Para muchos de nosotros, la muerte de un ser querido provoca muchos recuerdos tristes. Ya sea que el duelo provoque recuerdos de abuso, negligencia o alienación —o simplemente arrepentimiento por desacuerdos no resueltos—, preservar los lazos de amor puede ser complicado.

Si el abuso o la negligencia es parte de tu historia, te animo a que hables con un consejero o terapeuta para procesar las emociones desafiantes relacionadas con la pérdida. Avanzar en el amor puede significar soltar los amores insatisfechos o dolorosos y dar un paso con amor propio hacia un nuevo futuro. La muerte de un ser querido siempre trae complejidad, incluso en las relaciones más sanas. Si la tuya ha sido una relación difícil, mereces apoyo y aliento incluso con el paso de los años. Nunca es demasiado tarde para pedir ayuda.

En el duelo, es posible que te des cuenta de que quieres editar el pasado. La tristeza puede revelarte, por primera vez, tus propios pecados. Como protección contra nuestro propio arrepentimiento, a menudo tratamos de simplificar las complejidades y minimizar nuestras malas acciones. La muerte no nos ofrece segundas oportunidades, y eso puede resultar aterrador. ¿Qué podría ser más peligroso, entonces, que mirar por *ese* espejo retrovisor con sinceridad?

Pero el camino hacia la paz comienza con la sinceridad y la confesión. No lidiamos con el pasado al ignorarlo. Descubrimos la paz en el duelo y el alivio del arrepentimiento cuando sacamos la verdad a la luz.

Pero el camino hacia la paz comienza con la sinceridad y la confesión. No lidiamos con el pasado al ignorarlo. Descubrimos la paz en el duelo y el alivio del arrepentimiento cuando sacamos la verdad a la luz. Tú puedes dejar de fingir que el pasado fue perfecto y reconocer que las relaciones no siempre fueron lo que habías esperado, que las decisiones que tomaste no siempre fueron las correctas. Preservar tus lazos de amor puede significar que primero te detienes para decir: «Lo siento».

The Grief Recovery Handbook (*Manual superando pérdidas emocionales*) ofrece un ejercicio útil para pedirle y concederle el perdón al ser querido que ha fallecido de una manera que puede hacernos avanzar hacia la salud. Los autores John James y Russell Friedman lo animan a uno a escribirle una carta al ser querido en la que se completen estas tres frases:

- «Te pido perdón por...».
- «Te perdono por...».
- «Quiero que sepas...»[5].

Todos queremos llevar a nuestro ser querido con nosotros en los años venideros, pero para hacerlo sin arrepentimientos continuos, necesitamos buscar la paz interior. Al confesarle nuestros pecados a Dios, podemos encontrar resolución y restauración de los errores de nuestro pasado, incluso cuando la persona ya no está con nosotros. Podemos encontrar la paz, incluso cuando no podemos deshacer o rehacer. Tú puedes confesarle tus pecados a tu ser querido en una carta, a Dios en silencio o a un amigo de confianza en voz alta. Puedes arreglar las cosas *ahora* mismo para que la compañía del duelo no tenga que añadirte una carga adicional en los años venideros.

UN NUEVO ANILLO VIEJO

Un año después de la muerte de Rob, mientras preparaba mi casa para venderla, arreglé el patio trasero de concreto. Unas semanas después, me di cuenta de que había concreto seco dentro de las puntas de mi anillo de compromiso. El diamante estaba nublado y gris. Mi anillo se había arruinado. No mucho después de eso, estaba armando la mesa de nuestra cocina en nuestra nueva casa alquilada cuando aplasté mi anillo de aniversario. Tuve que abrirlo para sacarlo. Los diamantes se deslizaban por el suelo de la cocina. Dos anillos arruinados en aproximadamente un mes.

Llevé mis anillos al centro de la ciudad, a un joyero que resultó ser viudo. Mientras él inspeccionaba los daños, hablamos de lo difícil que fue la decisión de usar o quitarnos los anillos. Me contó lo que había hecho después de la muerte de su esposa, las reacciones negativas que había recibido de la gente cuando se quitó el anillo y cómo había tenido que aprender a aceptar esa parte de avanzar. Sentí una afinidad de inmediato. Ese hombre sabía cuán difícil era todo eso.

Me dijo con delicadeza y honestidad que mis anillos no se podían reparar. Sí podíamos, sin embargo, hacer algo nuevo con ellos. «Eso se convertiría en una reliquia familiar», me dijo mientras describía su idea. Dejé mis dos anillos bajo su custodia, y hablé con Rob en voz alta durante todo el camino a casa. «Me va a hacer una reliquia, cariño —le dije—. Va a ser un anillo que cuente nuestra historia». Lloré, me puse nerviosa, me emocioné y volví a llorar.

Un mes después, fui a recoger la belleza que ahora llevo en mi mano derecha. Dos anillos se fundieron en uno nuevo, diecisiete piedras diminutas para los diecisiete años de nuestro matrimonio, y como pieza central, el diamante que Rob me regaló hace veintidós años cuando me propuso matrimonio. «¿Qué le parece?», me preguntó el joyero mientras giraba poco a poco el anillo bajo la luz. Yo no podía hablar. Era perfecto. Ese estimado viudo había creado una celebración de mi matrimonio, un anillo que siempre contará la historia de Rob y mía: belleza a partir de la tristeza, honor siempre por el amor que fue y sigue siendo.

Algún día, tu duelo ya no será nuevo. Descubrirás que has aceptado la realidad de la muerte de tu ser querido y empezado a dar pasos hacia una nueva vida. Recordarás momentos juntos con alegría y sacarás fuerza e inspiración de ellos. Avanzarás hacia el florecimiento porque el duelo siempre tuvo la intención no de destrozarte, sino de renovarte. Conforme integres tu duelo a tu vida nueva, espero que descubras, tal vez para sorpresa tuya, que tu ser querido sigue vivo de muchas maneras: en tus hábitos, en tu fe, en tus talentos y en tus intereses. El duelo, esa expresión de amor cuando el objeto del mismo se ha ido, puede convertirse en el catalizador del crecimiento.

PARA REFLEXIÓN

1. ¿Has sentido que necesitas «superar» la muerte de tu ser querido? ¿Te han dicho que tienes que hacerlo? ¿Qué crees que significa?

2. ¿Sientes que tu duelo ha cambiado con el tiempo? Si es así, ¿cómo? Al reflexionar al respecto, ¿qué te hace sentir ese cambio?

3. Piensa en un momento en el que hayas sonreído o te hayas reído desde la muerte de tu ser querido. ¿Intentaste sentirte bien, o descubriste que la alegría brotaba por sí sola en tu interior? ¿Cómo puede la alegría coexistir con el sufrimiento en tu vida?

4. ¿Son difíciles de enfrentar algunos recuerdos de tu ser querido? ¿Qué puedes hacer para explorar y soltar algunos de esos recuerdos nada felices?

5. ¿Cómo puedes preservar tu vínculo de amor con el ser querido que ha muerto? ¿De qué maneras prácticas y cotidianas puedes exhibir ese amor?

CAPÍTULO 10

Dejar que el duelo entre a la iglesia: Cómo desarrollar una cultura de muerte y resurrección

Oh, bendecida y santa comunión
De los que aún luchan o en la gloria están;
Un solo cuerpo, porque tuyos son.
¡Aleluya, aleluya!

WILLIAM WALSHAM HOW, «POR LOS SANTOS QUE DESCANSAN YA»

En el 2020, con nervios presioné el botón de «enviar» en un artículo que había escrito para la revista *Christianity Today* acerca de cómo dejar que el duelo llegue a la iglesia. En dicho artículo, había admitido algo que no había podido expresar en voz alta con muchas personas desde que Rob murió: ir a la iglesia desde la pérdida me había resultado difícil. Más que difícil. A pesar de que me había considerado una seguidora de Jesús durante la mayor parte de mi vida, la iglesia, después de mi traumática pérdida, me parecía el último lugar al que podía regresar.

Durante meses después de la muerte de Rob, luché sin saber qué hacer. Los domingos siempre habían sido edificantes: el día de descanso después de una semana ajetreada, una hora para volver a centrarme en lo que era importante. En los años antes de que la muerte ensombreciera mi vida, hubiera descrito la adoración como satisfactoria, inspiradora y penetrante. Después de lo que había soportado, sin embargo, nada de eso era lo que necesitaba.

Aunque creía de corazón que Dios era soberano, todopoderoso y omnisciente, pocos momentos de la vida de la iglesia me ofrecían el tipo de Jesús que yo anhelaba en mi hora más oscura: un amigo completamente humano, herido, quebrantado y moribundo. Al igual que el escritor de Eclesiastés, yo razoné: «Vale más pasar el tiempo en funerales que en festejos. Al fin y al cabo, todos morimos»[1]. La iglesia siempre había sido para mí una casa de banquete. Ahora, su menú me mareaba. Después de la muerte de Rob, quizás yo simplemente ya no encajaba. La iglesia quizás ya no era para mí.

Quiero dejar claro que nuestra comunidad eclesiástica local fue amable y generosa. Llevaron comidas deliciosas y donaron con generosidad al fondo de educación de nuestros hijos. Los miembros de la iglesia hicieron reparaciones en nuestra casa y se ofrecieron como voluntarios para ayudar con el trabajo de jardinería. Si hubiéramos podido quedarnos en casa para siempre, tal vez hubiera sido suficiente. Pero algo intangible sucedía cada vez que intentábamos cruzar el umbral del santuario de la iglesia. Visitamos varias iglesias de la zona, y siempre ocurría lo mismo. De todas las esferas en las que interactuábamos, la iglesia se sentía como el único lugar al que era imposible regresar. De todos los lugares a los que alguna vez habíamos pertenecido, la iglesia parecía ser la más extraña.

La autora y viuda Miriam Neff estima que, aproximadamente,

el 50 % de las viudas abandonan la iglesia a la que asistieron como pareja y pierden el 75 % de sus conexiones sociales después de la muerte de su cónyuge[2]. Existen innumerables razones por las que una persona puede abandonar la iglesia después de una pérdida, como la falta de apoyo emocional o material. Si nosotros lo habíamos recibido en abundancia, sin embargo, ¿por qué nos sentíamos como desconocidos en un lugar que nos había parecido nuestro hogar?

Unos meses después de la muerte de Rob, me conecté a un foro en línea de personas que estaban en duelo y busqué publicaciones que hicieran la pregunta que sentía que no podía hacerle a mi congregación local. Necesitaba saber que no estaba sola. ¿Alguien más había sentido que ya no podía ir a la iglesia?

Las palabras que encontré me asombraron. Entre tanto los fieles como aquellos cuya afiliación religiosa era ciertamente escasa, la respuesta fue la misma. *No puedo regresar.* La mujer que había visto a su hijo sufrir de una enfermedad terminal finalmente pudo hacerse su mamografía anual en el mismo hospital donde había muerto. El hombre a cuya esposa le encantaba navegar finalmente volvió al agua. Aparecer por las puertas de la iglesia, sin embargo, parecía desalentador —casi imposible— para muchos. Un hombre compartió su lucha por reintegrarse al ministerio de grupos pequeños, donde los grupos se dividían en solteros y casados. (¿Dónde encajaría un viudo?). Una mujer habló de sentarse en la banca de atrás y llorar durante la adoración, convencida de que nunca más regresaría. Respiré aliviada y luego contuve de inmediato la respiración. ¿Qué significaría eso para mi vida espiritual al avanzar? ¿Por qué no podía volver a ese lugar que había amado alguna vez? Si la iglesia tenía el propósito de ser un hospital para los heridos, ¿por qué parecía que mi quebrantamiento no encajaba?

Después de hablar con pastores, líderes laicos y personas que estaban en duelo por todo el país, estoy convencida de que no tiene por qué ser así. Querido lector, la iglesia necesita tus heridas. Es posible que tu congregación local aún no se dé cuenta, pero necesita la sabiduría que es producto de todo lo que tú has soportado. Aunque todavía no puedas aparecer por las puertas del santuario, quiero asegurarte que todavía eres parte de él.

De la misma manera, tú necesitas a la iglesia. El cristianismo no es una religión de lobos solitarios. Incluso si has encontrado paz en cuanto a las preguntas espirituales que has tenido después de la pérdida, no puedes florecer fuera del cuerpo de Cristo. La intención jamás fue que la vida con Jesús se desarrollara así.

Si la muerte de tu ser querido te ha hecho sentirte huérfano, quiero que sepas que te entiendo. He luchado con sentimientos de alienación y abandono, decepción y desilusión. No es necesario, sin embargo, que tires el grano con la paja. De hecho, creo que, como persona que vive en duelo, tú eres una bendición única para la iglesia. En esos días y meses, e incluso años, en los que te sientes menos equipado, Dios, con ternura, está sacando belleza de tus cenizas, preparándote para que uses los dones de amor y servicio.

EL DUELO Y LA IGLESIA

«El buen duelo se vive de mejor manera dentro de una comunidad de apoyo que está dispuesta a sufrir, atender y cuidar a la persona devastada por una pérdida, alguien que, en muchos sentidos, es una persona nueva —escribió Rob en *The Art of*

Dying (El arte de morir)—. Es una tragedia que, para muchos, no exista una comunidad así»[3]. Si la experiencia humana del duelo es una experiencia en la que podemos encontrar conexión, también es cierto que las dimensiones espirituales del duelo se experimentan mejor en comunidad. Si somos sinceros, es lamentable que la iglesia nos haya fallado en eso a menudo.

No es de extrañar que la iglesia no sepa qué hacer con las personas que están en duelo. En entornos colectivos como el culto dominical, la mayoría de las iglesias funcionan como un maestro de aula que apunta al centro y les presta poca atención a quienes están en los márgenes. Las iglesias promocionan servicios positivos y edificantes junto con experiencias de adoración enérgicas y atractivas durante el fin de semana. Una iglesia cerca de mi casa dice: «Creemos que los niños deberían divertirse en la iglesia cada semana». Pero ¿qué pasa si la única energía que tú posees es la que se consume con solo levantar tu cuerpo de la cama cada día? ¿Qué pasa si tus hijos experimentan una explosión de duelo cuando se levantan cada mañana y se dan cuenta de que su padre se ha ido?

Aunque todos tenemos cargas de duelo (relacionadas con la muerte o no), la iglesia no suele saber qué hacer con quienes hemos sufrido una pérdida. Nuestras iglesias, edificadas en torno a la programación familiar, tienen poco espacio para los padres jóvenes que han perdido a un hijo, para los esposos que han perdido a una esposa. Si los mensajes tácitos de la iglesia han de ser claros, esas necesidades se satisfacen mejor en los ministerios de cuidado individual. Pocos ministerios están lo suficientemente conscientes del duelo como para estar preparados para interactuar con las personas que están en duelo y que ingresan a su programación regular. Ellos tampoco quieren hablar de la muerte.

Rob escribió *The Art of Dying* porque no estaba satisfecho con ese *statu quo*. Como voluntario en un lugar que atiende a las personas con enfermedades terminales, vio a personas moribundas y desesperadas por una comunidad. Como empleado de una funeraria, interactuó con familias que estaban en duelo y necesitaban un ancla espiritual en los mares agitados del duelo agudo. Vio cómo sufrían las personas como tú y como yo, y su llamado en *The Art of Dying* era claro: tenemos que hacer esto de una mejor manera.

Desde que comencé a escribir sobre el duelo después de la muerte de Rob, he pensado muchas veces: *Cariño, tenías razón*. Cualquier esposo estaría encantado de escuchar a su esposa decir eso, ¿verdad? Pero es cierto. He visto, una y otra vez, que, al prepararnos para morir, aprendemos a vivir bien. Al enfrentar la muerte, reconocemos la esperanza de Cristo. A riesgo de sonar como un disco rayado, no digo nada nuevo. De la manera más hermosa posible, me quedo con las palabras de mi querido esposo.

Dicho eso, soy una persona que aprende haciendo. Me cuesta conceptualizar sin la oportunidad de poner una idea en acción. Al conectar contigo en las redes sociales y en persona, sé que tú también necesitas acción. Necesitabas una iglesia que estuviera preparada para atenderte *ayer*. Antes de que tu esperanza y resistencia se desvanezcan, es necesario que sepas que todavía perteneces, que hay un lugar para ti, que la iglesia puede convertirse en todo lo que tanto tú como el mundo herido necesitan con tanta desesperación.

Una buena noticia: estoy convencida de que tú y yo no tenemos que esperar más. Jesús está de pie, con los brazos abiertos, y nos invita a la adoración y al servicio. Puede que estemos heridos, pero seguimos siendo miembros de su cuerpo. Podemos edificar la iglesia que necesitamos. Nuestra presencia en la adoración y el servicio le recuerda a la iglesia su misión central. Nos apropiamos de las palabras de Teresa de Ávila: «Tuyos son los ojos a través de los cuales la compasión de Cristo por el mundo mira [...] y tuyas son las manos con las que él nos ha de bendecir ahora».

LA HOSPITALIDAD COMIENZA CON «HOSPITAL»

Durante la primera mitad de mi carrera, trabajé en el mundo de las organizaciones sin fines de lucro. Abogué por los refugiados y las organizaciones de comercio justo. Conté las historias de las ligas de béisbol de pueblos pequeños y de los huérfanos que tenían necesidades especiales. Un hilo común se entrelazaba en todos los lugares donde trabajaba: quienes se sentían llamados a servir a los demás habían sido beneficiarios de cuidados. Los líderes ministeriales que habían conocido ellos mismos el aguijón del rechazo abrían sus corazones a los marginados. Los líderes de las organizaciones sin fines de lucro recordaban las historias de quienes habían inspirado su trabajo, aquellos que los habían animado cuando no estaban seguros y los habían amado cuando se sentían ignorados. De su dolor surgieron sus pasiones y su propósito.

Querido lector, eso también es cierto para ti. El duelo no te descalifica ni del ministerio ni de la participación en la iglesia. No tienes que haber sanado para ayudar, y no tienes que ser valiente para contribuir. Hay un lugar para ti en la iglesia. Siempre. Eres bienvenido siempre. La hospitalidad comienza con «hospital». La bienvenida siempre incluye la atención.

En tu caminar con el duelo, sin duda has descubierto dones que surgieron de esa difícil relación. Si lo permites, el duelo desarrolla en ti nuevas capacidades para el cuidado y el servicio, una mayor sensibilidad y ternura hacia las necesidades de los demás. Como les sucedió a las viudas de 1 Timoteo, tu pérdida te ha calificado para el ministerio de maneras que nunca podrías haber desarrollado en un currículum[4].

Además, el duelo profundiza tu teología del sufrimiento y de la gloria. Tu corazón está más en sintonía con el cielo. El viejo himno góspel suena cierto: «Nunca antes había sentido esta nostalgia». C. S. Lewis señala que: «Nuestra vida como cristianos comienza con el bautismo en la muerte; nuestras fiestas más alegres comienzan con y se centran en el cuerpo quebrantado y la sangre derramada. [...] Nuestra alegría tiene que ser el tipo de alegría que pueda coexistir con eso»[5]. Tú has vivido esa realidad. Su verdad ahora está escrita en tu corazón.

De una manera trágica, pero bella, tu pérdida te ha equipado para bendecir a la iglesia. Tu sola presencia en el santuario, en el aula de la escuela dominical o en el equipo de trabajo les recuerda a quienes te rodean que Jesús no llama a su cuidado a los sanos, sino a los enfermos. Por eso empodera y equipa a aquellos que ama para que hagan su misericordiosa voluntad. Más importante aún, tu presencia como una persona en duelo le recuerda a la iglesia que la historia cristiana tiene sus raíces no en un triunfo audaz, sino en la condición desinteresada de estar herido. Un Jesús herido pertenece a la iglesia igual que tú.

Uno de los mayores regalos de mi experiencia de duelo ha sido conocer a Jesús como un ser humano completo: con miedo en el huerto de Getsemaní, herido por quienes lo odiaban, muriendo por aquellos a quienes amaba. Una y otra vez, he descubierto a Jesús en las Escrituras como una persona vulnerable... igual que yo. Su despojamiento de sí mismo me ha asombrado y me ha acercado a él. «Es alguien que ha recorrido cada centímetro del camino —escribe Elisabeth Elliot, palabras que resuenan en el viejo himno puritano—. Cristo no me guía a través de habitaciones más oscuras que las que él haya pasado»[6].

En una cultura eclesiástica y a menudo infectada de triunfalismo mundano, necesitamos recordatorios regulares de que el Cristo resucitado que adoramos tiene verdaderas cicatrices humanas. No es un sumo sacerdote esotérico, sino un Dios Santo terrenal. Nuestra presencia en la iglesia nos recuerda, a nosotros y a toda la congregación, que tenemos que recibir al Jesús herido de regreso en la iglesia. Lo necesitamos en nuestros santuarios para ofrecer una adoración equilibrada y reflexiva. Lo necesitamos en nuestros ministerios para recordarnos nuestro propósito.

«El cristianismo nos enseña que la terrible tarea [la muerte] ya se ha completado, en cierto sentido, para nosotros —escribe Lewis—. Que la mano de un maestro está sosteniendo la nuestra, en tanto que intentamos trazar las letras difíciles y que nuestra escritura solo tiene que ser una "copia", no un original»[7]. ¡Qué glorioso alivio son esas palabras! Podemos dejar que el duelo llegue a la iglesia sin miedo. Podemos remodelar la cultura de la iglesia para que refleje tanto la muerte como la resurrección. Todo eso es posible porque Jesús ya ha hecho por nosotros el trabajo difícil.

EL HOGAR QUE NECESITAS

«El reino del cielo es como...». Cuando leo esas palabras en los Evangelios, me imagino a las multitudes que seguían a Jesús. Desplegaban sus sillas de jardín, callaban a sus hijos y se inclinaban para escuchar mejor por encima del suave crepitar de los almuerzos que se desempacaban. Durante siglos, Israel había anhelado la venida del buen reino de Dios. Las promesas de los profetas estaban escritas en sus corazones. No es de extrañar que cuando Jesús dijo esas palabras, un silencio se apoderó de la multitud. Era el momento de soñar. No, mejor que eso. Era el momento de visualizar un futuro real, tan cerca que casi podía tocarse.

> *La atención en el duelo no es un ministerio especializado, porque la muerte no es una experiencia especializada. Más bien, el ministerio para el duelo es un ministerio regular de toda la iglesia.*

Cuando hablamos de remodelar la cultura de la iglesia para que refleje tanto la muerte como la resurrección, no nos referimos a una imposibilidad de hacer castillos en el aire. No nos referimos a un sueño para el futuro. Lo que hacemos es invitar a nuestra congregación local a ser lo que Jesús siempre nos ha llamado a ser: una visión real de la irrupción del buen reino de Dios aquí y ahora. La iglesia que necesitan las personas en duelo no es diferente a la iglesia que tenemos ahora. Es *más* de la iglesia que tenemos ahora.

La atención en el duelo no es un ministerio especializado,

porque la muerte no es una experiencia especializada. Más bien, el ministerio para el duelo es un ministerio regular de toda la iglesia. Pablo le dice a la iglesia de Corinto que el ministerio de consuelo de la iglesia se deriva del consuelo que recibimos de Dios. También le dice a la iglesia filipense que el consuelo que conocemos en Cristo se desborda en el cuidado de unos por otros. La función de la iglesia es maravillosamente sencilla: conocer a Cristo y darlo a conocer. ¿Cómo hacemos eso con las personas que sufren? Ofrecemos el consuelo espiritual, emocional y material que nosotros mismos hemos recibido. La congregación que se caracteriza por la muerte y la resurrección simplemente tiene que apoyarse más plenamente en la misión que Jesús le ha asignado a cada uno de nosotros.

Ahora mismo, en esta etapa de tu vida, necesitas una iglesia con un tipo específico de consciencia en cuanto al duelo. Necesitas una congregación cuyo corazón esté formado con empatía y comprensión hacia la muerte física. Pero el asunto es este. Tal conocimiento no es específico de la experiencia. Conforme nuestras iglesias se vayan configurando más como culturas de muerte y resurrección, descubriremos que estamos mejor preparados para ofrecer consuelo de maneras innumerables.

Me gusta decir a menudo que, si todas las personas que están en duelo se vistieran de negro para ir a la iglesia, todas las personas del santuario se vestirían de negro. Todos tenemos algo difícil que estamos cargando, una pérdida que sentimos, ya sea reciente y abrasadora o un dolor viejo y leve. Si te preocupaba que una iglesia consciente del duelo esté atendiendo solo a personas como tú, no temas. Somos un mundo de personas que viven en duelo. Cada uno necesita lo que Jesús tiene que ofrecer. Estoy convencida de que visualizar y edificar la iglesia que necesitamos bendecirá a cada persona que cruce el umbral de su santuario.

ATENCIÓN DEL DUELO, CONSCIENCIA DEL DUELO

«Lo que decimos acerca de la muerte y la resurrección le da forma y color a todo lo demás», escribe N. T. Wright[8]. ¿Qué obra maestra podría hacer Dios con tu comunidad de fe conforme invitas al duelo a llegar a la iglesia? Sé creativo e imaginemos, por un momento, lo que sería eso en tu congregación local. Imagina lo que sería si el duelo se pusiera cómodo en la iglesia como lo ha hecho en tu vida.

En primer lugar, al duelo se le daría la bienvenida en la adoración. Lo sabemos de inmediato, ¿verdad? El lamento se convertiría en una forma regular y normal de adoración, y no estaría reservado para los domingos de Adviento de vela azul o los servicios del Viernes Santo. A través de la música, la oración y la Palabra, podríamos relacionarnos cada semana con el Jesús resucitado que aún tiene sus cicatrices, cuyas heridas son la puerta de entrada a la comunión íntima con él.

Nuestra adoración incluiría toda la gama narrativa de las Escrituras, por lo que invitaría a quienes se regocijan a entristecerse con quienes lloran y a quienes lloran a incorporarse en la alabanza de quienes se regocijan. Ofreceríamos espacio para la amplia gama de emociones que producen nuestros encuentros con Dios. Reconoceríamos con pasión, tristeza y esperanza que vivimos en medio de una historia que aún no ha conocido su culminación. Oraríamos con anhelo: «Que tu reino venga

Jeremy reflexiona sobre pastorear a quienes están en duelo:

Cuando dejé mi último trabajo como pastor, nuestra iglesia nos despidió con una caja llena de cartas. Una carta era de una joven que había estado sufriendo de depresión debilitante y autolesiones relacionadas con la pérdida.

Ella escribió: «Mi amiga me instó a asistir a su iglesia. Acepté aunque ya había tomado la decisión de que después del servicio iba a acabar con mi vida. Estaba desesperada y sufría, por lo que pensé que la iglesia no era un lugar para personas como yo. Cuando el servicio comenzó, sin embargo, usted le dio la bienvenida a la gente con un poema que decía todo lo contrario de lo que yo pensaba acerca de la iglesia. Dios se encontró conmigo ese día, así que me fui con esperanza por primera vez».

El poema al que se refería es algo que escribí para darles la bienvenida a las personas a nuestra comunidad eclesial. Quería que se reconociera y recibiera de inmediato la variedad de la experiencia humana. Las personas a menudo llegan a la iglesia cansadas, desanimadas y, de alguna manera, sufriendo. Necesitan esta bienvenida:

«A los quebrantados y necesitados, a los solitarios y temerosos,
A los cansados que buscan esperanza en medio del dolor,
Al escéptico con muchas dudas, al fuerte en la fe y en
crecimiento,
Al desconocido que está en medio de nosotros y al que le duele
el corazón,
Aquí encuentran una iglesia de perdonados y de indignos».

pronto». Tendríamos encuentros regulares con la muerte de Jesús en la mesa de la Santa Cena y confesaríamos cada semana nuestra esperanza común: *Creemos en la comunión de los santos, en la resurrección de los muertos y en la vida del mundo venidero.* Ofreceríamos nuestro duelo para que nos transforme la gloria que sabemos que nos espera.

Como pueblo de la Palabra viva, invitaríamos al duelo a transformar también nuestra formación espiritual. Si la muerte y la resurrección le dan forma a todo lo que hacemos, nos educaríamos en la rica historia de la muerte y el morir del cristiano. Acudiríamos a los santos del pasado y del presente en busca de instrucción en cuanto a cómo ser fieles durante nuestros últimos días. La consciencia del duelo impregnaría cada salón de clases y pasillo de nuestros centros ministeriales. Los niños aprenderían de la muerte de Jesús sin que los maestros temieran una lección deprimente. Los adolescentes verían cómo nuestra mortalidad debe enmarcar nuestro involucramiento con el mundo. Los adultos aprenderían a contar sus días para obtener corazones de sabiduría. El duelo podría sentarse cómodamente, sabiendo que los planes de estudio infundirían esperanza en las formas muy reales en que el quebrantamiento marca nuestros días.

Por último, la presencia del duelo en nuestras iglesias reorientaría radicalmente cómo nos cuidamos los unos a los otros en el sufrimiento. Los ministerios especializados, como las entregas de comidas y los equipos de trabajo de mantenimiento, se desbordarían de voluntarios que entenderían que lo que las personas heridas necesitan no es perfección, sino presencia. Llegaríamos a dominar las palabras de consuelo, sabiendo qué decir y cuándo decirlo, porque interactuaríamos con la muerte y con el morir de forma regular. Conoceríamos las necesidades de los demás en la pérdida, porque el duelo haría apariciones regulares en nuestros santuarios, aulas y equipos ministeriales. Nos esforzaríamos intencionadamente por integrar a los miembros que están en duelo en la vida de la iglesia, confiando en que la plenitud de Cristo puede llenarlo todo, incluso cuando la pérdida permanece.

LAS TRES CANCIONES DE LA IGLESIA

El joven Isaac Watts estaba sentado en la iglesia y dejó que su mente se alejara de la música que lo rodeaba. Desde que nació, sus padres lo habían llevado cada día del Señor a la Iglesia Congregacional de Southampton, una congregación no conformista de puritanos a lo largo de la costa inglesa. Cada semana, la congregación cantaba melodías sencillas, las cuales avanzaban poco a poco a través del libro de los Salmos. Isaac se sabía las palabras de memoria.

Aunque reconocía las palabras como escritura sagrada, Isaac anhelaba palabras que hablaran el lenguaje de su corazón. Por la entonación aburrida de quienes lo rodeaban, percibía que ellos también lo anhelaban. Él anhelaba que la adoración reflejara la amplia gama de experiencias que los creyentes enfrentaban en su caminar con Cristo. Desafiado por su padre diácono a «escribir algo mejor», Isaac se puso a trabajar.

A la semana siguiente, Watts presentó su primer himno, «Mirad las glorias del Cordero», para la alabanza entusiasta de su congregación local. Pidieron otro y otro y otro. Pronto, la nueva trayectoria profesional de Watts quedó clara[9]. Durante los siguientes cincuenta años de su vida, escribió más de setecientos himnos, por lo que llego a ser llamado «Poeta del Santuario» y «Padre de la Himnología Inglesa». Si bien cantar palabras extrabíblicas hizo que algunos de sus amigos puritanos se sintieran incómodos al principio, las palabras y melodías de Watts se establecerían en el centro de la música de adoración cristiana para las generaciones venideras. Podemos agradecer a Isaac Watts por «¡Al mundo paz!», «Nuestra esperanza y protección» y «La cruz excelsa al contemplar», entre muchos otros.

¿Qué fue lo que tocó la fibra sensible de aquellos que escucharon las palabras de Watts hace tantos años? ¿Qué había sacado el joven Isaac de las Escrituras para refrescar el corazón de quienes se reunían en adoración? ¿En realidad había, como dice su primer himno, preparado «nuevos honores para su nombre, y canciones que antes no se conocían?». Sospecho que no. Más bien, Isaac Watts ayudó a las congregaciones a redescubrir las tres canciones que la iglesia siempre ha cantado y seguirá cantando hasta que Jesús regrese. Watts había afinado las voces de los creyentes para la alabanza, el lamento y el anhelo.

Cuando observamos el ritmo de la vida cristiana, esas tres melodías se entrelazan para componer nuestra canción colectiva. Elogiamos y alabamos a Dios por su soberanía, poder y amor. Nos lamentamos al reconocer nuestra pecaminosidad individual y colectiva y el quebrantamiento del mundo. Asimismo, anhelamos y elevamos nuestros ojos hacia las promesas del regreso de Cristo y la renovación de toda la creación por parte de Dios. Todas las demás canciones están atrapadas en estas tres grandes melodías. Ninguna iglesia puede cantar la canción completa de la verdad del evangelio sin ellas.

Al considerar la iglesia que anhelamos en el duelo, debemos reconocer la necesidad que tenemos de cada una de estas tres canciones. Cada una es profundamente necesaria para darle espacio a nuestra humanidad quebrantada y a la extravagante esperanza que poseemos en Jesús. Las personas que están en duelo necesitan un espacio para lamentarse en la adoración y en la vida de la iglesia. Necesitamos tiempo y espacio para sondear las profundidades de la pérdida y el dolor. Pero también tenemos que alabar. La iglesia debe anclarnos en las verdades de la bondad inquebrantable de Dios cuando las tormentas de la vida nos amenacen con ahogarnos. La iglesia debe actuar como un faro y hacer brillar el amor y la gracia de Dios cuando la muerte y el duelo hacen que todo a su alrededor se sienta oscuro.

La iglesia debe anclarnos en las verdades de la bondad inquebrantable de Dios cuando las tormentas de la vida nos amenacen con ahogarnos. La iglesia debe actuar como un faro y hacer brillar el amor y la gracia de Dios cuando la muerte y el duelo hacen que todo a su alrededor se sienta oscuro.

Si vamos a encontrar esperanza y volver a florecer después de una pérdida, la iglesia debe ayudarnos a anhelar. No con nostalgia por lo que fue, sino con ferviente esperanza por lo que será. Si la muerte es devorada en victoria, siempre debemos tener nuestros ojos levantados, dirigidos a la tumba vacía más allá de la cruz.

Mezclados entre los himnos más famosos de Isaac Watts, hay algunos que podrían captar tu atención. Es probable que «¡Muerte! Es un día de melancolía» no se convierta en el próximo número uno de las listas de música de adoración, pero las palabras de Watts muestran muy bien cómo el consuelo y la esperanza pueden aumentar cuando permitimos que la iglesia cante sus tres mejores canciones:

Mira cómo la fosa se abre de par en par para ti,
¡Y destella en tu rostro!
Y tú, alma mía, mira también hacia abajo,
Y canta la gracia restauradora.

Cuando invitamos al duelo a la iglesia, descubrimos un evangelio más completo que nos anima incluso cuando debemos estar de pie ante la tumba recién cavada de la persona que amamos. Cuando la fosa se abre de par en par, todavía podemos cantar nuestras canciones de gracia restauradora. Cuando las lágrimas llenan nuestros ojos, todavía podemos elevar nuestros corazones en oración y alabanza.

VIVIR CON LAMENTO

Para nuestra familia, los tres años que han transcurrido desde la muerte de Rob han sido una temporada de profundo lamento. Solo ocho meses después de su muerte, la sombra del duelo se amplió cuando la pandemia del COVID-19 se extendía por todo el mundo. La agitación social y política reveló la profundidad de la oscuridad de este mundo. Una tragedia tras otra trajo un torrente incesante de lamento a nuestra vida. Si alguna vez sentí que «veloz el día nuestro huyendo va», fue entonces.

Durante esa temporada, surgió una sola oración que ha hecho eco de un estribillo fiel dentro del santuario de mi corazón. En nuestro año de silenciosa soledad en cuarentena. Entre los gritos y llantos de las protestas televisadas. Cada noche, cuando me acuesto sola en mi cama después de apagar las luces. En la oscuridad de aquellos y estos días, a través de lágrimas y susurros roncos, he suplicado: «Ven pronto, Señor Jesús».

La vida me ha enseñado el amargo canto del lamento. He clamado a Dios con enojo, frustración y tristeza. En los días más oscuros, he preguntado: «Dios mío, Dios mío, ¿por qué me has abandonado?». He llorado junto a los ríos del exilio al recordar la buena vida que dejé atrás cuando comencé a recorrer el camino de una viuda. El peso de la presencia del duelo en mi vida a menudo se ha sentido más grande de lo que yo puedo soportar. Mis oraciones hacen eco de los gritos angustiados de la dulce joven Lucy, personaje de C. S. Lewis: «Aslan, Aslan, si alguna vez nos amaste, envíanos ayuda ahora»[10].

Desde que Rob murió, el lamento ha sido mi melodía triste, pero debajo de la melodía ha corrido la armonía constante del anhelo, el dulce estribillo de la alabanza. Su ritmo fiel me ha sorprendido más de una vez. He llegado a creer que el cristiano no puede tener el uno sin el otro. Lamentarse sin anhelo es simplemente desesperar. Anhelar sin lamentarse es una ilusión. Anhelar y lamentarse sin alabanza es perderse por completo el gozo de Cristo.

Comencé este capítulo diciéndote que la iglesia te necesita, que tu duelo es un regalo para tu congregación. Espero que puedas ver mejor la razón. El quebrantamiento es siempre el camino hacia el evangelio. Las heridas de Jesús siempre serán nuestra fuente de consuelo y sanidad. Incluso en medio de tu dolor más profundo, eres parte de la iglesia. Juntos, cantaremos nuestras canciones de alabanza, lamento y anhelo hasta que Jesús regrese.

PARA REFLEXIÓN

1. Después de la muerte de tu ser querido, ¿cuál fue tu experiencia con la comunidad de tu iglesia? ¿Qué apoyo práctico, emocional o espiritual ofrecía?

2. ¿Sientes que tu herida no encaja en la iglesia? Si es así, ¿por qué no? ¿Qué necesitarías para sentirte bien cuidado allí?

3. El lamento se siente natural en el duelo pero la alabanza no. ¿Cuál es el lugar de la alabanza en la vida de la persona que está en duelo?

4. ¿Cómo aumenta el anhelo que sientes por tu ser querido cuando estás con tu congregación? ¿El anhelo por el buen reino de Dios? ¿Qué te hace sentir ese mayor anhelo?

5. ¿Cómo puede tu duelo ofrecerte una percepción del ministerio que no tenías? ¿Cómo puede el duelo ser una ventaja, no una desventaja, en tu servicio?

CAPÍTULO 11

El fin del viaje: Levantamos los ojos y añoramos el hogar

Nuestro Padre nos refresca en el camino con algunas posadas agradables, pero no nos animará a confundirlas con nuestro hogar.

C. S. LEWIS, *THE PROBLEM OF PAIN* (EL PROBLEMA DEL DOLOR)

En una de nuestras caminatas familiares favoritas en las montañas Cascade de Washington, hay un giro en el sendero que siempre me hace reflexionar. Después de más de tres kilómetros de caminata a través de imponentes cedros rojos occidentales y abetos de Douglas, se abre un espacio en el lado norte del sendero. Por primera vez, uno puede elevar la mirada más allá del sendero que tiene a sus pies y hacia la inmensidad más allá. A través de un marco de árboles, se extiende el cielo y se ven montañas verdes y boscosas, capa tras capa en el horizonte.

Cada vez que llegamos a ese punto del trayecto, insisto en detenernos. Una saliente rocosa se destaca entre los árboles. Trepo, tomo asiento y recupero el aliento, pero me lo quitan de nuevo. El esfuerzo del trayecto se siente tan distinto allí arriba, muy por encima del resto del mundo, rodeado de la majestuosidad de las montañas. Si las vistas más hermosas se encuentran en las subidas más duras, me atrevo a decir que ese sendero vale cada pisada.

El viejo himno góspel nos asegura lo siguiente: «Valdrá la pena todo cuando veamos a Jesús. Tan pequeñas parecerán las pruebas de la vida cuando veamos a Cristo». Cuando uno está en el pantano del duelo, sin embargo, es frecuente que la verdad se vea oscurecida por el lodo y el fango del dolor. Incluso puede parecer un cliché. Cuando tus ojos están tan entrenados en el sendero rocoso y enraizado que tienes por delante, puede ser difícil escuchar que tienes que levantar la vista para buscar más.

Para el creyente, ningún libro acerca del duelo puede tratarse solo del manejo de las emociones o de la modificación de la conducta. Las herramientas de los médicos y psicólogos son buenos regalos de Dios para su pueblo, pero la esperanza que ilumina nuestro camino en el duelo brilla más allá de todo lo que el esfuerzo humano puede lograr. Nuestra esperanza en la vida y en la muerte será siempre, como dice el Catecismo de Heidelberg, que le pertenecemos a Cristo. Debido a su muerte y su resurrección, la seguridad de la vida eterna con él nos da el poder de estar «sinceramente dispuestos y preparados» para vivir para él los días que se nos han asignado.

Para los creyentes, la esperanza del evangelio moldea nuestro duelo. Es el lente a través del cual vemos la muerte. Le da colorido a nuestra tristeza e infunde nuestra tristeza con una alegría persistente. Nos recuerda que el florecimiento que buscamos en esta vida es solo un anticipo de todo lo que está por venir. La esperanza, para el cristiano, lo es todo.

El teólogo del siglo XVII François Fénelon escribió: «Podemos esperar solo en la medida en que estemos insatisfechos con el mundo»[1]. Querido lector, él nos habla. En la pérdida de nuestros seres queridos, hemos experimentado nuestra propia insatisfacción con el mundo. Si la vida ya no brilla con tanta fuerza o nuestros días se sienten más vacíos, no es porque la muerte nos haya quitado la alegría. Es porque la muerte nos ha revelado un anhelo más grande, el de una alegría que perdura, ininterrumpida y abundante, para siempre. A la luz de la muerte, podemos esperar con cada vez más fervor porque vemos con claridad lo que tal vez nunca antes habíamos visto. Quizás, por primera vez, levantamos la mirada y añoramos el hogar.

Si la vida ya no brilla con tanta fuerza o nuestros días se sienten más vacíos, no es porque la muerte nos haya quitado la alegría. Es porque la muerte nos ha revelado un anhelo más grande, el de una alegría que perdura, ininterrumpida y abundante, para siempre.

N. T. Wright nos dice: «El plan de Dios no es abandonar este mundo, el mundo que él dijo que era "muy bueno". Más bien, él tiene la intención de rehacerlo. Por lo que, cuando lo haga, resucitará a todo su pueblo a una nueva vida *corporal* para vivir en ella. Esa es la promesa del evangelio cristiano»[2]. Esa es la verdad en la que nos apoyamos. Además, es la verdad en la que vivimos cada día. El poder que resucitó a Jesucristo de entre los muertos ahora está a nuestra disposición por medio de su Espíritu. La nueva vida que nos espera ya ha comenzado. Como dice Romanos 13:11: «Nuestra salvación ahora está más cerca que cuando recién creímos».

Debido a que esa verdad nos anima, podemos estar seguros de que a quienes estamos en duelo nos espera el florecimiento no solo en el futuro, sino aquí y ahora. Así como nuestra redención comenzó en el primer momento en que creímos, nuestra vida nueva después de la pérdida ya ha comenzado. Nuestro llamado, entonces, es dar un paso adelante y apoderarnos de ella con pasión y propósito. Con el duelo como nuestro compañero, podemos vivir con alegría mientras esperamos con ansias el cumplimiento de las promesas de Dios, pues sabemos que la inauguración de su reino bueno y pacífico ya ha comenzado. Nuestros pies ya están en dirección a casa.

Una vida alegre y profundamente satisfactoria te espera después de la pérdida.

Respira de manera profunda y purificadora, y vuelve a leer esa frase:

Una vida alegre y profundamente satisfactoria te espera después de la pérdida.

Al igual que la palabra de unción de Dios en la Creación, él dice que tu vida es buena. La esperanza que ofrece es más que solo resistir. Es aliento, energía, propósito y alegría. Lo más glorioso es que esa vida te está esperando. Sí, a *ti*. No es ni a los heroicos ni a los aguerridos y tenaces. Es a ti, tal como estás en tu quebrantamiento, en tu dolor, en los escombros de la vida que conocías. *Una vida alegre y profundamente satisfactoria te espera después de la pérdida.*

¿Cómo lo sé? Lo veo en las caminatas que hago con mis hijos, y lo leo en la Palabra de Dios. Dios ha construido toda la creación para resiliencia, y la resurrección es siempre su gracia complaciente.

DISEÑADOS PARA LA RESILIENCIA

Cuando mis hijos llegan a casa de sus juegos de béisbol, están muertos de hambre. Se tragarían una bolsa de tortillas fritas o una caja entera de cereal si se los permitiera. Tiene sentido. Sus cuerpos en crecimiento acaban de gastar mucha energía. Necesitan reponerse y restaurarse. Como sé que las proteínas y los azúcares aceleran la recuperación muscular después del ejercicio, trato de pasar un banano con mantequilla de maní frente a ellos mientras comen con prisa.

Con el cuidado y el descanso adecuados, los músculos dañados se fortalecen. La piel herida forma costras y se cicatriza. Si tú has sido fumador y has dejado de fumar, incluso tu tejido pulmonar puede repararse. Rob escribió sobre la plasticidad cerebral en su segundo libro, *What Your Body Knows about God* (Lo que tu cuerpo sabe sobre Dios), y pasé muchas horas de comida escuchando con fascinación cuando hablaba sobre cómo la oración y las prácticas meditativas podrían reconfigurar, literalmente, nuestro cerebro. La resiliencia está incorporada en cada célula de nuestro cuerpo. Dios te diseñó de forma maravillosa para que te recuperes de la dificultad en lo físico. Cuando digo: «Vas a superarlo» —a superar las noches de insomnio, los malestares estomacales o el agotamiento físico—, no te estoy vendiendo una cura mágica. Dios te hizo capaz de recuperarte.

Dios también nos ha formado para la resiliencia emocional. Así como tu cuerpo puede repararse del estrés físico del duelo, tu corazón puede repararse del costo emocional del dolor agudo. Quiero dejar claro aquí que, cuando hablo de «reparar», no digo que vayas a sanar, que ya no sentirás el dolor de tu pérdida, que te recuperarás y serás una persona mejor y más grande. Más bien, me gusta pensar en el trabajo reparador de la resiliencia emocional como un cambio de perspectiva cada vez más amplia. Dios ha diseñado a cada uno de nosotros para la resiliencia emocional, ya sea que nos llamemos optimistas o pesimistas. Podemos usar las herramientas que él nos da para remodelar nuestra perspectiva después de la pérdida y edificar una vida nueva y hermosa, con el duelo como nuestro compañero. Dios nos ha dotado de la capacidad de aprender y crecer, de permitir que nuestras experiencias amplíen y profundicen nuestra sabiduría.

Hace casi dos décadas, la Dra. Toni Bisconti publicó un estudio histórico en la Universidad de Akron, definiendo la «resiliencia disposicional», una perspectiva reparadora que había observado que podía ayudar a las personas en duelo a descubrir el florecimiento después de una pérdida. Su contemporáneo, George Bonanno, ya había determinado que la personalidad predecía «solo alrededor del 10 % de resiliencia», por lo que Bisconti quería saber qué constituía el otro 90 %[3]. En el estudio, Bisconti describió cinco cualidades que una persona emocionalmente resiliente podría desarrollar:

- Conexión
- Dominio
- Curiosidad
- Fortaleza
- Flexibilidad

¿Qué necesitaba una persona para sobrevivir y prosperar de nuevo después de una pérdida? Necesitaba una comunidad de apoyo donde pudiera fortalecer las viejas relaciones y formar otras nuevas. Necesitaba sentir que su duelo era manejable, que podía entender lo que le había sucedido[4]. Para llegar a ser emocionalmente resiliente, tendría que estar dispuesta a probar cosas nuevas, estar abierta tanto al fracaso como al éxito. Por último, tendría que apegarse a ello, viviendo con persistencia: algunas veces, un día a la vez y, otras veces, dando grandes saltos hacia la nueva vida que está por delante.

¿Sabes qué es lo que me parece más espectacular de esta lista? Esas son cosas que *cualquiera de nosotros* puede hacer. La resiliencia después de una pérdida no depende de los recursos financieros, de la educación o del estatus profesional (aunque esas cosas pueden ser útiles). No es más probable con las mujeres pero menos probable con los hombres. La resiliencia no discrimina si has perdido a tu hijo en un accidente o a tu cónyuge por demencia. El maravilloso diseño innato de Dios de nuestro cuerpo y espíritu para que se reparen y recuperen está a la disposición de cada uno de nosotros.

Si escuchas la respuesta de condolencia: «Nunca podría ser así de fuerte», detén cortésmente a la persona a mitad de la oración. Nada se queda más corto de la verdad. Si el diseño de Dios para nuestro cuerpo actúa junto con el poder de su Espíritu en nuestro interior, nuestra debilidad puede convertirse en fortaleza. Como dice el profeta Isaías, «el Señor los guiará continuamente; les dará agua cuando tengan sed y restaurará sus fuerzas. Serán como un huerto bien regado, como un manantial que nunca se seca»[5]. Podemos florecer de nuevo.

Entonces, ¿cómo trabajamos con ese gran regalo de resiliencia que Dios le ha dado a nuestro cuerpo? Me encanta cómo describe Elisabeth Elliot la resiliencia de otra viuda: «Ella oró e hizo lo siguiente. Tomó la escoba»[6].

Como consolador y guía, el Espíritu Santo te apoya en tu participación en la obra de reconstrucción que Dios ha puesto delante de ti. Por lo tanto, puedes buscar mentores que te ayuden a trazar tu nuevo rumbo. Puedes confiar en tu comunidad de fe para que te apoye de manera práctica, emocional y espiritual mientras le das nueva forma a tu identidad después de una pérdida. Puedes practicar la resiliencia disposicional de la misma manera que practicas la reparación de tu cuerpo después del ejercicio. Además, puedes confiar en que el Espíritu Santo te fortalecerá con su poder para mirar hacia adelante con esperanza[7].

VOLVER A CRECER

Volver a crecer después de una pérdida, incluso cuando sabes que estamos hechos para la resiliencia, puede resultar en muchos consejos no solicitados. Tú mismo podrías dudar si quieres crecer. Desde que murió tu ser querido, ¿has escuchado las palabras de ánimo: «Él querría que tú...»? *Él querría que hicieras ese viaje. Ella querría que te casaras de nuevo. Él querría que fueras feliz.* Puede ser difícil sentir que tenemos que consultar a nuestro ser querido que ha muerto en cuanto a nuestras decisiones presentes.

El crecimiento después de la pérdida es más que preservar la conexión con tu ser querido. Ya lo haces de manera regular. El crecimiento después de la pérdida es tu decisión de aprovechar tu resiliencia para crecer, para dejar el impulso de estancarte.

Hasta cierto punto, siempre verás la vida como a. M./d. M.: antes de la muerte y después de la muerte. Eso es lo que hace un acontecimiento dramático como la muerte. ¡Todo nuestro sistema de numeración de años se basa en la muerte de Jesús como su punto de inflexión! Dicho eso, buscar el crecimiento después de la pérdida significa que resistimos la tentación de clasificar el pasado como más valioso que el presente o de obligarnos a ver el futuro como el más valioso de todos. Sencillamente podemos recibir ese momento y preguntarnos cómo podemos usarlo mejor.

El crecimiento después de la pérdida se produce cuando cambiamos con claridad de querer a hacer. Cuando pasamos de *quiero ver el cambio* a *tengo que hacerlo realidad*. Descubrimos las partes nuevas que el duelo ha engendrado en nosotros y decidimos elogiarlas. Observamos un aumento de las capacidades. Tomamos decisiones pequeñas y cotidianas para, en palabras de la autora Ann Patchett, «elegir una vida que siga expandiéndose»[8].

Aunque al principio puede parecer desalentador, el crecimiento después de la pérdida está fácilmente a tu alcance. Un buen punto de partida es preguntarte: *¿Qué quiero?* Más allá de tener a tu ser querido de vuelta, piensa en pequeña y grande escala. ¿Qué aspectos de tu vida te gustaría ver expandirse? ¿Qué habilidades quieres desarrollar? ¿Cómo aprovechas para tu beneficio la sabiduría que has obtenido con el duelo?

Está bien resistirse al crecimiento de la identidad. Esa no es una tarea de un año, sino de un esfuerzo emergente. Al avanzar en tu nueva vida, espera una oscilación normal entre el duelo y el crecimiento. Recuerda que las olas se sienten más intensas al principio. La oscilación entre el duelo y el crecimiento será más lenta y suave con el tiempo. George Bonanno llama a esos primeros pasos hacia el crecimiento «hacer frente a lo feo».[9] Al aferrarse con firmeza a la promesa que Dios ha hecho de resiliencia, puedes avanzar hacia la construcción de una vida que ames aunque al principio no te parezca bonita. Aceptar un nuevo trabajo, renovar tu casa, fundar una organización sin fines de lucro en memoria de tu ser querido, volver a salir con alguien: tales actividades de crecimiento comienzan con pasos pequeños y tambaleantes. El crecimiento interno de la introspección expandida funciona de la misma manera. Al reconstruir y sobrellevar la situación, recuerda las palabras de ánimo de C. S. Lewis: «Somos, no metafóricamente, sino en verdad, una obra de arte divina, algo que Dios está haciendo»[10]. Tú eres una obra maestra en proceso.

FORMADOS PARA LA RESILIENCIA Y HECHOS PARA LA RESURRECCIÓN

Ocho meses después de la muerte de Rob, mi amiga Melissa estaba en mi sala de estar, escribiendo en notas adhesivas y pegándolas en una ventana vacía. Yo no podía averiguar qué partes de mí (si es que había alguna) habían sobrevivido a su muerte, así que juntas estábamos esforzándonos por expresarlas. Había funcionado sin energía durante la mayor parte de un año, criando sola a mis hijos, perdida en un mar de papeleo relacionado con la muerte. Trataba de reconstruir mi vida, pero me aterrorizaba dar un paso adelante hacia un futuro en el que Rob nunca estaría presente. Añoraba mi antiguo yo. Necesitaba que me recordaran que esa persona seguía allí. Necesitaba claridad.

Esa noche, decidí sacar partes de mí de los escombros de mi traumática pérdida y hacerlas vivir de nuevo. Pensaba que la vida después de la pérdida consistía en resucitar lo que quedaba. No me había dado cuenta de que la resurrección significaba algo más que darles vida otra vez a las cosas muertas. No tenía ni idea de que podría volver a tener una vida que amara. Tres años después, sin embargo, descubrí que sí. Porque la resurrección no es solo la reversión de la muerte. Es lo bueno que ha sido hecho aún mejor. La resurrección es el hecho de que *todas las cosas son hechas nuevas*. Esa es la vida que Dios nos ofrece después de la pérdida. Es no solo una vida resiliente, sino una vida resucitada.

No hay un día en el que no eche de menos a Rob. Hay ocasiones en las que el dolor todavía me quita el aliento. Incluso en esos momentos más dolorosos, sin embargo, celebro la resurrección. La reclamo como propia. Aunque es posible que estemos hechos para la resiliencia, he aprendido, a través del duelo, esta verdad: la resurrección es siempre obra exclusiva de la gracia de Dios. Yo no puedo revivir lo que está muerto. Solo Dios puede hacer eso. Además, gracias a la resurrección de Jesús, nuestra esperanza eterna no se limita solo al cielo o a la nueva creación en el futuro. Cuando esa tumba quedó vacía el Domingo de Resurrección, comenzó nuestra esperanza eterna. No solo esperamos la vida de resurrección. Incluso en medio del duelo, podemos vivirla ahora.

DE LA MUERTE SURGE LA VIDA

—¿Sabías que los bebés tienen las manos palmeadas mientras están en el vientre? —me pregunta mi hija camino a casa de la escuela. Está cursando Biología y se ha convertido en una fanática del ADN y de la genética.

—¿Cómo es que no nacen con las manos así? —le pregunto, feliz de que un nuevo tema saque la conversación de mi hija mayor que suele ser tan silenciosa. Como si solo hubiera estado esperando a que se lo preguntara, mi hija se lanza a una discusión completa sobre las maravillas de la apoptosis, la muerte celular programada. Escucho y me maravillo. La muerte está en todas partes. Incluso está en nuestras células antes de nacer.

Resulta que la apoptosis es un proceso vital para todos los seres vivos. En la apoptosis, las células se destruyen y mueren para dar paso a una nueva vida celular. En realidad, ese proceso sistemático y regulado de morir hace que nuestros cuerpos vivan. Es un mecanismo vital para un crecimiento físico saludable. Los seres humanos experimentan miles de millones de muertes celulares en su cuerpo cada día. Partes de nosotros mueren todo el tiempo. Los renacuajos pierden la cola y se convierten en ranas gracias a la apoptosis. Las células precancerosas son destruidas por el cuerpo gracias a la apoptosis. Contamos los diez dedos diminutos e individuales de nuestros recién nacidos gracias a la apoptosis.

Es difícil creer que cualquier muerte pueda ser buena o útil. En el caso de la apoptosis, sin embargo, la muerte no solo es buena o útil. Es necesaria. Sin ese proceso tan controlado, las células cancerosas crecen, y se desarrollan defectos congénitos. El cuerpo condena a muerte a algunas células con un propósito mayor: nuevas células sanas.

Al escuchar a mi hija, me maravillo de lo mucho que esos fenómenos se parecen a las palabras de Jesús en los Evangelios:

«Les digo la verdad, el grano de trigo, a menos que sea sembrado en la tierra y muera, queda solo. Sin embargo, su muerte producirá muchos granos nuevos, una abundante cosecha de nuevas vidas»[11]. La muerte siempre precede a la nueva vida.

Reconozco este ciclo de muerte y resurrección. Lo vivo todos los días. La muerte de Rob ha provocado en mí una especie de muerte elemental. Las viejas células de nuestra vida juntos se están desintegrando. Aunque gran parte del proceso es lento y más pequeño de lo que mis ojos pueden ver con facilidad, sé que su muerte está efectuando grandes cambios en mí. Puedo parecer igual por fuera, pero me estoy volviendo diferente hasta en mis propias células.

Por medio del poder del Espíritu Santo, tenemos acceso no solo a una esperanza futura, sino a una poderosa esperanza viva. Cada día que vivimos con el duelo, podemos acceder a «la increíble grandeza del poder de Dios», les dice el apóstol Pablo a los efesios[12]. El mismo poder que resucitó a Jesucristo de entre los muertos también puede resucitarte a ti de entre los muertos. Si has sentido que una parte de ti murió después de la muerte de tu ser querido, espero que esta sea una noticia increíblemente buena. Dios se deleita en hacer que las cosas muertas cobren vida otra vez. También puede hacerlo, y lo hará, por ti.

¿Cómo será la vida de resurrección para ti aquí y ahora? No estoy segura. Tu experiencia será tan única como la mía. No sé de qué formas específicas te hará vivir Dios de nuevo. No sé cómo cambiará la forma de tu vida conforme entres en la esperanza de resurrección que él te ofrece cada día. Cada uno de nosotros tiene la opción de decidir cómo nos cambia la muerte de un ser querido. ¿Volverá a producir vida tu encuentro con la pérdida? ¿Permitirás que la muerte de tu ser querido reoriente tus prioridades, tus relaciones, tu llamado, tu fe?

Independientemente de cómo funcione para ti, creo firmemente que, si reclamas esa esperanza de resurrección como propia, verás que la belleza intrínseca de la vida nueva se despliega en tu vida. Las promesas de resurrección que Dios ha hecho darán fruto en tu vida. Verás cómo tu luto se transforma en baile. Empacarás el cilicio un día y, en su lugar, te vestirás con el vestuario nuevo de alegría. Aprenderás a reclamar tu nuevo nombre, «Roble de Justicia», un árbol plantado junto a corrientes de agua cuyas raíces no se han marchitado ni siquiera en las circunstancias más difíciles. Tu florecimiento en verdad será «plantío del Señor, para mostrar su gloria»[13].

La muerte de nuestro ser querido nos transforma de las maneras más difíciles... y de maneras hermosas. Partes de ti murieron con la muerte de tu ser querido, partes sobrevivieron y, sorprendentemente, partes han nacido. Vale la pena enfrentar cada día, porque el Jesús resucitado te ofrece no solo resiliencia después de la pérdida, sino también una restauración que desafía la tumba. Tú puedes amar la vida después de la pérdida. En el duelo y en la alegría, Dios te ofrece una vida renovada, llena hasta rebosar de su bondad.

Vale la pena enfrentar cada día, porque el Jesús resucitado te ofrece no solo resiliencia después de la pérdida, sino también una restauración que desafía la tumba. Tú puedes amar la vida después de la pérdida.

Incluso con ese poder de resurrección que corre por nuestras venas, la vida no es fácil. ¿Llegará la vida después de la pérdida a ser perfecta, sin complicaciones o lineal? No en este lado de la gloria. Con todo, esa es la maravilla de todo esto. La vida de resurrección que podemos disfrutar hoy, en medio del dolor, es solo un anticipo. La nueva vida crece dentro de nosotros después de la pérdida y experimentamos las primicias de la gran alegría que nos espera.

LLEGANDO A CASA

A veces, en un momento de tranquilidad, me imagino lo que será volver a ver a Rob. He soñado con él por la noche, pero cada sueño con él es una pesadilla: él se va una y otra vez. Me consuela recordar que, de todos modos, lo que nos espera algún día es más glorioso que cualquier sueño que pueda soñar. Incluso mientras busco una vida marcada por la resiliencia y el crecimiento, incluso mientras reclamo la resurrección como una misericordia para cada nueva mañana, anhelo algo más. Me doy cuenta de que, más que nunca, levanto los ojos y añoro mi hogar.

Para el cristiano, el camino del duelo tiene un final. Pronto, un día, el duelo dejará de ensombrecer nuestro camino. Ese compañero inoportuno es un camarada temporal en el viaje. Un día conoceremos la culminación de la resurrección. *Entonces también nosotros estaremos con el Señor.* Junto con nuestros seres queridos, disfrutaremos de lo que N. T. Wright llama «la vida después de la vida después de la muerte»[14]. Un día celebraremos un banquete en la casa de Sion. «Todas las cosas que alguna vez han poseído tu alma profundamente no han sido más que indicios de ella: atisbos tentadores, promesas del todo nunca cumplidas, ecos que se extinguieron justo cuando llegaron a tu oído», imagina Lewis[15].

Si tu viaje con el duelo cambia algo dentro de ti, espero que aumente cien veces tu anhelo de la gloria. La vida, tan a menudo arraigada en el aquí y ahora, necesita una reorientación hacia la eternidad no como una forma de escapar de los lugares difíciles en los que nos encontramos, sino como una forma de contextualizarlos y redimirlos. Jesús les dijo a sus discípulos: «Así que ahora ustedes tienen tristeza, pero volveré a verlos; entonces se alegrarán, y nadie podrá robarles esa alegría»[16]. Yo me aferro a esa promesa, y espero que tú también lo hagas. Algún día, nadie te quitará la alegría... ni siquiera la muerte lo hará. Todas esas cosas ya no existirán más[17].

En el duelo profundo, puede ser difícil comprender esto como algo más que una verdad esotérica. Por eso es que me ha resultado útil pensar específicamente en el rostro de Rob. Me lo imagino como parte de la gran nube de testigos que me animan. Está al lado de mis abuelos y de los suyos, al lado de la madre de mi amiga y cerca del esposo de otra mujer que también quedó viuda. Se codea con el ser querido e intercambian abrazos de saludo. Conocen plenamente, y así son conocidos. La multitud está llena de una energía que solo podría describirse como una emoción sagrada. La salvación está más cerca que cuando cualquiera de nosotros creyó por primera vez. La comunión de los santos espera con anticipación que suene la trompeta, que la nueva Jerusalén descienda como una novia preparada para su esposo. Casi se puede oír a la multitud comenzar a gritar las antiguas palabras de Isaías:

> ¡Este es nuestro Dios!
>   ¡Confiamos en él, y él nos salvó!

Este es el SEÑOR en quien confiamos.
¡Alegrémonos en la salvación que nos trae!
ISAÍAS 25:9

NO HAY TUMBA

Comenzamos nuestro viaje juntos junto a la tumba de mi ser querido y del tuyo. Aquel día que escuchaste caer el primer puñado de tierra sobre el ataúd, inició tu camino con el duelo, el camino más duro que jamás has soportado. La compañía del duelo te ha moldeado al enseñarte todo el peso del dolor y al fortalecerte para la vida que tienes por delante. Has dirigido tus pies hacia el florecimiento con tu Pastor que camina muy de cerca.

El apóstol Pablo nos exhorta a dolernos como quienes creen en el evangelio. Se nos llama a cantar, con los ojos llenos de lágrimas, las palabras que nuestros hermanos y hermanas afroamericanos cantaban con tenaz esperanza: «En esa gran mañana de despertar, no habrá tumba que sujete mi cuerpo». Me parece apropiado, entonces, terminar nuestro paseo juntos frente a otra tumba: esta vez, una tumba vacía.

Cuando hablo con cristianos que viven en duelo, me dicen a menudo: «No sé cómo alguien podría vivir así sin Jesús». Tengo que estar de acuerdo. La tumba vacía no niega las tumbas junto a las que estamos en esta vida, pero sí las transforma. Como Pablo les recuerda a los tesalonicenses: «Pues, ya que creemos que Jesús murió y resucitó, también creemos que cuando Jesús vuelva, Dios traerá junto con él a los creyentes que hayan muerto»[18].

Al final, podemos aceptar la compañía del duelo gracias a la tumba vacía. Cuando tenemos dolor y estamos agotados, la tumba vacía nos recuerda que nos esperan cuerpos transformados. Cuando sentimos la soledad penetrante del dolor, la tumba vacía nos asegura que la muerte perderá su aguijón. Para el cristiano, la tumba vacía es el eje de nuestra esperanza en medio del duelo. La resurrección espera a aquellos a quienes amamos, y también nos espera a nosotros. Además, aunque a veces te resulte difícil de creer, ese camino, el más difícil que has recorrido, te llevará a casa.

PARA REFLEXIÓN

1. ¿Cómo te sientes al saber que Dios te diseñó para ser resiliente?
2. Revisa de nuevo las marcas de resiliencia disposicional de la Dra. Toni Bisconti (ver la página 216). ¿Cómo puedes desarrollar tú esas áreas de tu vida?
3. ¿Qué crecimiento has visto ya en tu vida desde la muerte de tu ser querido?
4. ¿Cómo podría ser la resurrección para ti hoy? ¿Dónde ves que las cosas muertas cobran vida, se transforman y que son nuevas por completo?
5. ¿Anhelas la nueva creación? ¿De qué maneras prácticas puedes aumentar ese anhelo en tu vida mientras esperas el regreso de Jesús?

RECONOCIMIENTOS

Tengo una deuda especial de gratitud con estos seres queridos que han caminado conmigo a través del duelo hacia el florecimiento, desde la concepción de este libro hasta su nacimiento.

David Horn, gracias por aconsejarme que escribiera y por darme un punto hacia el cual caminar a principios del duelo. Al Hsu y Sarah Zylstra, gracias por su amor por Rob, el cual se ha desbordado en un entusiasta aliento a mi trabajo. Jason y Jaylynn Byassee, Collin Hansen y Madison y Regina Trammel, me alegra mucho que la bondad de Dios haya entrelazado nuestras vidas durante tantos años. Gracias por su sabiduría y generoso apoyo mientras escribía estas palabras. Sara Billups y Ann Voskamp, gracias por animarme a escribir en medio de la vulnerabilidad. Jenny Chapman, gracias por tu amistad en el dolor. Liz Cumming, me presentaste la compañía del duelo. Gracias por caminar conmigo hacia la esperanza.

Los libros se producen como los automóviles: un millón de pequeñas piezas ensambladas por una gran cantidad de manos talentosas. Este libro no es diferente. Gracias, Ann Kroeker, por animarme a escribir una lista de diez ideas cuando pensaba que ya no tenía más. Gracias, Gina Henker, por editar y comentar en mis primeros borradores. Melissa Zaldivar, tu compañerismo en las trincheras editoriales es insuperable. Andrew Wolgemuth, Jillian Schlossberg y Jonathan Schindler, gracias por su sabio y gentil pastoreo de estas páginas. Daniel Harrell y Mike Cosper, gracias por invitarme a explorar en nuestro pódcast *Surprised by Grief* (Sorprendidos por el duelo) muchos de los pensamientos que se desarrollan aquí. Estoy agradecida por nuestra amistad. Gracias a todos los que compartieron sus historias de duelo y esperanza para enriquecer estas páginas.

Aunque a menudo ha parecido lo contrario, la creación de este libro ha sido solo una pequeña parte de mi vida. En esta temporada de duelo y crecimiento, he encontrado una vida que ha sido respaldada ricamente por el amor y la bondad de muchos. Mi más profunda gratitud a mi familia de Visión Mundial y a mis familias de las iglesias en Seattle y en Massachusetts por apoyarme en la curva de aprendizaje más empinada de mi vida. Alisa, Amanda, Beth, Cindy, Joyce, Julia, Kathy, Kelsey, Kristy y Marissa, gracias por formar parte de mí en amor. Aaron, Adam, Chris, David, Jeremiah y Todd, gracias por los mensajes de texto, los consejos y los viajes de pesca. Su amor nos está reconstruyendo. Jill y Brian, gracias por caminar con nosotros a través de la oscuridad hacia la luz. A mi familia que está cerca y lejos, mi gratitud siempre se sentirá insuficiente para la enormidad de su amor y cuidado. Gracias a todos.

Por último, a quienes han vivido cada palabra conmigo. Chicos, *lo logramos.* Sus vidas cantan la canción de resurrección más hermosa. Gracias por animarme, por compartir el ancho de banda de Internet y por hacer que mi vida sea rica y plena. Vamos a celebrarlo con pastelillos de chocolate.

Y para Rob, estas palabras son gracias a ti, de la mejor y más difícil manera. Te amo. Te extraño. Las palabras fallan, amado. Las palabras siempre fallarán.

NOTAS

Introducción

xi *«El Señor está cerca de los que tienen quebrantado el corazón»*: Salmo 34:18.

Capítulo 1: En el camino con dolor y sufrimiento: El viaje que nadie quiere hacer

4 *«No puedo irme con ellas [...] Es más de lo que puedo soportar»*: Hannah Hurnard, *Hinds' Feet on High Places: An Engaging Visual Journey* (Carol Stream, IL: Tyndale, 2017), 27. Publicado en español como *Pies de ciervas en los lugares altos.*

4 *«No moriré, sino que viviré para contar lo que hizo el Señor»*: Ver Salmo 118:17.

16 *«Otros han pasado por este camino antes que yo [...] e incluso pudieron cantar acerca de ello después»*: Hannah Hurnard, *Hinds' Feet on High Places: An Engaging Visual Journey* (Carol Stream, IL: Tyndale, 2017), 28. Publicado en español como *Pies de ciervas en los lugares altos.*

Capítulo 2: Obstáculos en el camino: Cuatro mitos que creemos en cuanto al duelo y la pérdida

29 *«Puritanos coloniales del siglo XVII [...] desfiles de personas ebrias por las calles»*: Steven C. Bullock, «"Often Concerned in Funerals": Ritual, Material Culture, and the Large Funeral in the Age of Samuel Sewall» [«"Siempre interesados en los funerales": Ritual,

cultura material y el gran funeral en la época de Samuel Sewall]», en *New Views of New England: Studies in Material and Visual Culture, 1680–1830* [Nuevas perspectivas de Nueva Inglaterra: Estudios en Cultura material y visual], ed. Martha J. McNamara y Georgia B. Barnhill (Boston: Colonial Society of Massachusetts, 2012), 198.

29 *«Los puritanos "incluso oraban para que su duelo 'nunca desapareciera'"»*: David Hackett Fischer, *Albion's Seed: Four British Folkways in America* [La semilla de Albión: Cuatro tradiciones populares británicas en los Estados Unidos], (Nueva York: Oxford University Press, 1989), 114.

31 *«La resistencia desarrolla firmeza de carácter, y el carácter fortalece nuestra esperanza»*: Romanos 5:4.

31 *«Lo que ahora sufrimos [...] la gloria que él nos revelará»*: Romanos 8:18.

31 *«Múltiples estudios [...] resultar en resiliencia y satisfacción con la vida»*: M. D. Seery, E. A. Holman, y R. C. Silver, "Whatever Does Not Kill Us: Cumulative Lifetime Adversity, Vulnerability, and Resilience [Todo lo que no nos mata: Adversidad acumulada de por vida, vulnerabilidad y resiliencia]," *Journal of Personality and Social Psychology* 99 [Revista de personalidad y psicología social], no. 6 (diciembre 2010): 1025–41, https://doi.org/10.1037/a0021344.

Capítulo 3: Enfrentando el duelo: Cómo conocer a su nuevo compañero

40 *«Isaías 53 nos dice que Jesús era «conocedor» del duelo»*: Isaías 53:3.

53 *«Parecía como si [...] una alegría y un placer casi inexplicables al mismo tiempo»*: Hannah Hurnard, *Hinds' Feet on High Places: An Engaging Visual Journey* (Carol Stream, IL: Tyndale, 2017), 71. Publicado en español como *Pies de ciervas en los lugares altos*.

Capítulo 4: Huesos adoloridos y noches de insomnio: Las dimensiones físicas de la pérdida

65 *«Si alguno oye mi voz [...] cenaré con él, y él conmigo»*: Apocalipsis 3:20, RVR60.

66 *«La tristeza ralentiza nuestro sistema biológico [...] parece que desacelera el mundo»*: George A. Bonanno, *The Other Side of Sadness: What the New Science of Bereavement Tells Us about Life after Loss* [El otro lado de la tristeza: Lo que la nueva ciencia del duelo nos dice de la vida después de una pérdida], (Nueva York: Basic Books, 2009), 32.

66 *«De hecho, según Bonanno, la tristeza [...] adaptación física después de una pérdida»*: Bonanno, *The Other Side of Sadness* [El otro lado de la tristeza], 31.

72 *«Vivimos, nos* movemos *y existimos»*: Hechos 17:28, énfasis añadido.

73 *«Temía lo que pasaría en la consulta y casi cancelé un par de veces debido al miedo»*: Visite https://clarissamoll.files.wordpress.com/2021/03/goingtothedoctor.pdf para descargar «Five Tips for Visiting the Doctor Post-Loss» [Cinco consejos para visitar al doctor después de una pérdida].

77 *«Nosotros abrigábamos la esperanza de que era él quien redimiría a Israel»*: Lucas 24:21, NVI.

77 *«Quédate con nosotros que está atardeciendo; pronto será de noche»*: Lucas 24:29, NVI.

Capítulo 5: Abriéndonos camino por el bosque: Cómo gestionar las dimensiones prácticas de la pérdida

89 *«Fieles son las heridas del que ama»*: Proverbios 27:6, RVR60.

89 *«Para ayudar en tiempo de necesidad»*: Proverbios 17:17.

97 *«Las investigaciones revelan [...] pertenencias del ser querido como un vínculo vivo de lo que se perdió»*: George A. Bonanno, *The Other Side of Sadness: What the New Science of Bereavement Tells Us about Life after Loss* [El otro lado de la tristeza: Lo que la nueva ciencia del duelo nos dice de la vida después de una pérdida] (Nueva York: Basic Books, 2009), 141.

99 *«Están destinadas a ser celebraciones, no otro funeral»*: Arlene H. Churn, *The End Is Just the Beginning: Lessons in Grieving for African Americans* [El final es solo el comienzo: Lecciones sobre el duelo para afroamericanos] (Nueva York: Harlem Moon Broadway Books, 2003), 38.

Capítulo 6: A orillas de la soledad: Cómo vadear las emociones de la pérdida

106 *«La burocracia de la muerte»*: Wendy Gan, «Surprised by Grief, Soothed by Korean Television Drama» [Sorprendidos por el duelo, consolados por el drama de la televisión coreana] *Guernica*, 18 de mayo, 2020, https://www.guernicamag.com/surprised-by-grief-soothed-by-korean-television-drama/.

108 *«Las personas resilientes enfrentan su pérdida en lugar de evitarla»*: George A. Bonanno, *The Other Side of Sadness: What the New Science of Bereavement Tells Us about Life after Loss* [El otro lado

de la tristeza: Lo que la nueva ciencia del duelo nos dice de la vida después de una pérdida] (Nueva York: Basic Books, 2009), 74.

109 *«No pequen al dejar que el enojo los controle»*: Efesios 4:26.

119 Margaret Stroebe y Henk Schut, «The Dual Process Model of Coping with Bereavement: Rationale and Description» [El modelo de proceso dual de afrontar el duelo: Razonamiento y descripción], *Death Studies* [Estudios de la muerte] 23, no. 3 (abril–mayo 1999): 197–224, https://doi.org/10.1080/074811899201046.

121 Caitlin Moran, *How to Build a Girl* (Nueva York: HarperCollins, 2014). Publicado en español como *Cómo se hace una chica.*

Capítulo 7: Noches oscuras bajo las estrellas: En busca de respuestas espirituales a la pérdida

132 *«La presencia de Dios conmigo [...] el terrible hecho de que yo era viuda»*: Elisabeth Elliot, *Suffering Is Never for Nothing* (Nashville: B & H, 2019), 15. Publicado en español como *Sufrir nunca es en vano.*

135 *«El SEÑOR mismo ha levantado su puño contra mí»*: Rut 1:13.

135 *«El Todopoderoso me ha hecho la vida muy amarga»*: Rut 1:20.

135 *«El SEÑOR me ha traído vacía»*: Rut 1:21.

136 *«El Todopoderoso ha enviado semejante tragedia sobre mí»*: Rut 1:21.

136 *«Un espíritu quebrantado, un corazón quebrantado [...] todo lo que puede ofrecer»*: Elliot, *Suffering is never for nothing*, 80. Publicado en español como *Sufrir nunca es en vano.*

138 *«El lamento es el lenguaje [...] confiar en esas promesas a través de las lágrimas»*: Mark Vroegop, *Dark Clouds, Deep Mercy* (Wheaton, IL: Crossway, 2019), 44. Publicado en español como *Nubes oscuras, misericordias profundas.*

139 *«¿Por qué te escondes cuando estoy en apuros?»*: Salmo 10:1.

139 *«Las personas están destinadas [...] en la que hablan y se les habla»*: Dallas Willard, *Hearing God: Developing a Conversational Relationship with God* (Downers Grove, IL: IVP Books, 2012), 20. Publicado en español como *Escuchar a Dios: Cómo desarrollar una relación con Dios basada en la comunicación.*

140 *«El SEÑOR mismo ha levantado su puño contra mí»*: Rut 1:13.

141 *«El SEÑOR no ha dejado de mostrar su fiel amor [...] hacia los vivos y los muertos»*: Rut 2:20, NVI.

142 *«No importa cuán bien [...] Jesús no se libró»*: Dallas Willard, *Hearing God through the Year: A 365-Day Devotional* [Escuchar a Dios

durante el año: Lecturas devocionales para 365 días], comp. y ed. Jan Johnson (Downers Grove, IL: InterVarsity Press, 2004), 321.

143 *«¡Noemí tiene nuevamente un hijo!»*: Rut 4:17.

Capítulo 8: Y un niño pequeño los guiará: La crianza de hijos a través de la pérdida

150 *«Las investigaciones estiman que, aproximadamente, uno de cada catorce [...] pierde a un hermano o hermana durante la infancia»*: «Childhood Bereavement Estimation Model» [Modelo de estimación del duelo infantil], Judi's House/JAG Institute, accedido el 28 de octubre de 2021, https://judishouse.org/research-tools/cbem/.

150 *«Los niños que sufrían pérdidas llegaban a ser presidentes o prisioneros»*: Doce presidentes de los Estados Unidos perdieron a sus padres en su niñez y los reclusos «tienen dos o tres veces más probabilidades de haber perdido a uno de sus padres en la niñez». Robert Krulwich, «Successful Children Who Lost a Parent—Why Are There So Many of Them?» [Niños de éxito que perdieron a uno de sus padres: ¿Por qué hay tantos?] NPR, 16 de octubre de 2013, https://www.npr.org/sections/krulwich/2013/10/15/234737083/successful-children-who-lost-a-parent-why-are-there-so-many-of-them.

155 *«A medida que los niños crecen, tendrán [...] cada etapa del desarrollo»*: Brook Noel y Pamela D. Blair, *I Wasn't Ready to Say Goodbye: Surviving, Coping and Healing after the Sudden Death of a Loved One* [No estaba listo para decir adiós: Cómo sobrevivir, superar y sanar después de la muerte repentina de un ser amado], (Naperville, IL: Sourcebooks, 2008), 102.

160 *«Los niños que están en duelo no experimentan reacciones [...] conductuales de duelo»*: Noel and Blair, *I Wasn't Ready to Say Goodbye* [No estaba listo para decir adiós], 101.

Capítulo 9: El trayecto por recorrer: Cuando el duelo ya no es nuevo

177 *«No espero olvidar nunca a Brady [...] una expectativa razonable»*: Mark Henricks, «Do You Really Never Get Over Losing a Child?» [¿En realidad nunca se supera haber perdido a un hijo?] *Grieve Well* (blog), 12 de agosto de 2017, https://grievewellblog.wordpress.com/2017/08/12/do-you-really-never-get-over-losing-a-child/.

182 *«William Worden [...] incluso al avanzar sin él»*: Marcia L. Howland, «Worden's Tasks of Mourning: A Spiritual Exercise» [Las tareas

de Worden de hacer duelo: Un ejercicio espiritual], Crossroads Hospice Charitable Foundation, 22 de julio de 2016, https://crhcf.org/insights/wordens-tasks-of-mourning-spiritual-exercise/#:~:text=Worden%20identifies%20four%20tasks%20in,reality%20of%20a%20new%20life.

185 *«[Las personas resilientes] saben que su ser querido se ha ido [...] alguna parte de la relación siguiera viva»*: George A. Bonanno, *The Other Side of Sadness: What the New Science of Bereavement Tells Us about Life after Loss* [El otro lado de la tristeza: Lo que la nueva ciencia del duelo nos dice acerca de la vida después de una pérdida], (Nueva York: Basic Books, 2009), 73.

186 *«Lo que hacemos con nuestros recuerdos [...] lo que sacamos de ellos durante el duelo»*: Bonanno, *The Other Side of Sadness* [El otro lado de la tristeza], 71.

187 *«The Grief Recovery Handbook (Manual superando pérdidas emocionales)[...] «"Quiero que sepas..."»*: John W. James and Russell Friedman, *The Grief Recovery Handbook: The Action Program for Moving beyond Death, Divorce, and Other Losses Including Health, Career, and Faith* (Nueva York: Collins Living, 2009), 145–51. Publicado en español como *Manual superando pérdidas emocionales: Programa práctico para superar el dolor por muerte, divorcio y por otras pérdidas.*

Capítulo 10: Dejar que el duelo entre a la iglesia: Cómo desarrollar una cultura de muerte y resurrección

192 *«Vale más pasar el tiempo en funerales. [...] Al fin y al cabo, todos morimos»*: Eclesiastés 7:2.

193 *«La autora y viuda Miriam Neff estima [...] conexiones sociales después de la muerte de su cónyuge»*: Miriam Neff, «The Widow's Might» [La fuerza de la viuda], *Christianity Today*, 18 de enero de 2008, https://www.christianitytoday.com/ct/2008/january/26.42.html.

195 *«El buen duelo se vive de mejor manera dentro de una comunidad [...] para muchos, no exista una comunidad así»*: Rob Moll, con epílogo de Clarissa Moll, *The Art of Dying* [El arte de morir], (Downers Grove, IL: InterVarsity Press, 2021), 130.

198 *«Como les sucedió a las viudas de 1 Timoteo, tu pérdida [...] nunca podrías haber desarrollado en un currículum»*: Moll, *The Art of Dying* [El arte de morir], 152.

198 *«Nuestra vida como cristianos comienza con el bautismo [...] el tipo de alegría que pueda coexistir con eso»*: C. S. Lewis, *Reflections on the*

Psalm (Nueva York: Harcourt, 1986), 52. Publicado en español como *Reflexiones sobre los Salmos.*

199 *«Es alguien que ha recorrido cada centímetro del camino» [...] «habitaciones más oscuras que las que él haya pasado»*: Elisabeth Elliot, *Suffering Is Never for Nothing* (Nashville: B & H, 2019), 30. Publicado en español como *Sufrir nunca es en vano.*

199 *«El cristianismo nos enseña que la terrible tarea [...] tiene que ser una "copia", no un original»*: C. S. Lewis, *The Problem of Pain* (Nueva York: HarperOne, 2001), 103–4. Publicado en español como *El problema del dolor.*

202 *«Lo que decimos acerca de la muerte y la resurrección le da forma y color a todo lo demás»*: N. T. Wright, *Surprised by Hope: Rethinking Heaven, the Resurrection, and the Mission of the Church* (Nueva York: HarperOne, 2008), 25. Publicado en español como *Sorprendidos por la esperanza: Repensando el cielo, la resurrección y la vida eterna.*

205 *«El joven Isaac Watts estaba sentado en la iglesia. [...] Isaac se puso a trabajar»*: «Isaac Watts: Father of English Hymnody» [Isaac Watts: Padre de la himnología inglesa], *Christianity Today*, consultado el 14 de octubre de 2021, https://www.christianitytoday.com/history/people/poets/isaac-watts.html.

209 *«Aslan, Aslan, si alguna vez nos amaste, envíanos ayuda ahora»*: C. S. Lewis, *The Voyage of the Dawn Treader*. Publicado en español como *La travesía del viajero del alba.*

Capítulo 11: El fin del viaje: Levantamos los ojos y añoramos el hogar

213 *«Podemos esperar solo en la medida en que estemos insatisfechos con el mundo»*: François Fénelon, *The Complete Fénelon* [Obras completas de Fénelon], trad. y ed. Robert J. Edmonson y Hal M. Helms (Brewster, MA: Paraclete Press, 2008), 203.

213 *«El plan de Dios no es abandonar este mundo [...] la promesa del evangelio cristiano»*: N. T. Wright, *Simply Christian: Why Christianity Makes Sense* [Simplemente cristiano: Por qué el cristianismo tiene sentido], (Nueva York: HarperOne, 2006), 219.

216 *«Hace casi dos décadas, la Dra. Toni Bisconti [...] saber qué constituía el otro 90 %»*: Ruth Davis Konigsberg, *The Truth about Grief: The Myth of Its Five Stages and the New Science of Loss* [La verdad sobre el duelo: El mito de sus cinco etapas y la nueva ciencia de la pérdida], (Nueva York: Simon & Schuster, 2011),160–61.

217 Konigsberg, *The Truth about Grief* [La verdad sobre el duelo], 160.

217 *«El SEÑOR los guiará continuamente [...] como un huerto bien regado, como un manantial que nunca se seca»*: Isaías 58:11.

218 *«Ella oró e hizo lo siguiente. Tomó la escoba»*: Elisabeth Elliot, *Suffering Is Never for Nothing* (Nashville: B & H, 2019), 88. Publicado en español como *Sufrir nunca es en vano.*

218 *«Además, puedes confiar en que el Espíritu Santo te fortalecerá [...] mirar hacia adelante con esperanza»*: Ver Efesios 3:16-20.

219 *«Elegir una vida que siga expandiéndose»*: Ann Patchett, *What Now?* [¿Y ahora qué?], (Nueva York: HarperCollins, 2008), 77.

220 *«George Bonanno llama a esos primeros pasos hacia el crecimiento hacer frente a lo feo»*: George Bonanno, *The Other Side of Sadness: What the New Science of Bereavement Tells Us about Life after Loss* [El otro lado de la tristeza: Lo que la nueva ciencia del duelo nos dice de la vida después de una pérdida] (Nueva York: Basic Books, 2009), 78.

220 *«Somos, no metafóricamente, sino en verdad, una obra de arte divina, algo que Dios está haciendo»*: C. S. Lewis, *The Problem of Pain* (Nueva York: HarperOne, 2001), 34. Publicado en español como *El problema del dolor.*

223 *«Les digo la verdad, el grano de trigo [...] una abundante cosecha de nuevas vidas»:* Juan 12:24.

223 *«La increíble grandeza del poder de Dios»*: Efesios 1:19.

224 *«"Roble de Justicia" [...] "plantío del SEÑOR, para mostrar su gloria"»*: Isaías 61:3, NVI.

225 *«La vida después de la vida después de la muerte»*: Wright, *Simply Christian.*

225 *«Todas las cosas que alguna vez han poseído tu alma [...] se extinguieron justo cuando llegaron a tu oído»*: Lewis, *The Problem of Pain,* 150–51. Publicado en español como *El problema del dolor.*

226 *«Ahora ustedes tienen tristeza [...] nadie podrá robarles esa alegría»*: Juan 16:22.

226 *«Todas esas cosas ya no existirán más»*: Ver Apocalipsis 21:4.

227 *«Pues, ya que creemos que Jesús murió y resucitó [...] traerá junto con él a los creyentes que hayan muerto»*: 1 Tesalonicenses 4:14.

ACERCA DE LA AUTORA

Clarissa Moll es una galardonada escritora y creadora de pódcast que ayuda a las personas que están en duelo a encontrar el florecimiento después de una pérdida.

Antes de la trágica muerte de Rob, su esposo, en el 2019, Clarissa trabajó en educación y comunicaciones sin fines de lucro en organizaciones de todo el espectro denominacional. Tiene una licenciatura en Comunicaciones de la Universidad de Cedarville y una maestría en Historia de la Iglesia y Teología Sistemática de Trinity Evangelical Divinity School. Clarissa ha enseñado como parte del cuerpo docente adjunto de Cedarville y Wheaton College. También tiene un título de posgrado en Administración de Organizaciones sin Fines de Lucro de la Universidad de Texas en Austin.

Los escritos de Clarissa han aparecido en *Christianity Today*, la Coalición por el Evangelio, *RELEVANT*, Modern Loss, *Grief Digest* y más. Escribió el epílogo del libro de su esposo *The Art of Dying* (El arte de morir; InterVarsity Press) y sus escritos sobre el perdón aparecieron en *Along the Way: Real Life Moments Touched by God* (A lo largo del camino: Momentos de la vida real que Dios ha tocado; Meredith Books), una inspiradora antología de escritores para adultos jóvenes. En el 2020, Clarissa recibió un premio de la Evangelical Press Association por sus escritos en la Coalición por el Evangelio.

Clarissa es coanfitriona del pódcast *Surprised by Grief* (Sorprendidos por el duelo) de *Christianity Today* y presenta el pódcast *The Writerly Life* (La vida literaria) producido por hope*writers, una comunidad de membresía en línea que equipa a los escritores para el viaje de la publicación. Clarissa es una invitada frecuente en pódcasts y programas de radio, donde los oyentes aprecian su reconfortante honestidad acerca del duelo y su compromiso con la esperanza en medio del dolor.

Clarissa tiene una vida feliz con sus cuatro hijos y el cachorro que rescató. Dice que su hogar está tanto en Nueva Inglaterra como en el noroeste del Pacífico. Encuéntrala en Instagram en @MollClarissa o en ClarissaMoll.com.